青少年常见
法律问题解析

主　编◇王翠玲

海燕出版社
·郑州·

图书在版编目（CIP）数据

青少年常见法律问题解析 / 王翠玲主编. — 郑州：海燕
出版社，2023.11
ISBN 978-7-5350-9077-5

Ⅰ.①青… Ⅱ.①王… Ⅲ.①法律-中国-青少年读
物 Ⅳ.①D920.5

中国版本图书馆CIP数据核字（2022）第255109号

青少年常见法律问题解析
QINGSHAONIAN CHANGJIAN FALÜ WENTI JIEXI

出 版 人：李　勇	责任校对：王　达
策划编辑：王茂森	责任印制：邢宏洲
责任编辑：王茂森	插　　图：图　匠　吕随涛
装帧设计：刘　瑾	

出版发行：海燕出版社
　　　　　地址：河南自贸试验区郑州片区（郑东）祥盛街 27 号
　　　　　网址：www.haiyan.com　　邮编：450016
　　　　　发行部：0371-65734522　　总编室：0371-63932972
经销：全国新华书店
印刷：郑州市毛庄印刷有限公司
开本：710毫米×1000毫米　1/16
印张：8.75
字数：150千字
版次：2023 年 11 月第 1 版
印次：2023 年 11 月第 1 次印刷
定价：28.00 元

如发现印装质量问题，影响阅读，请与我社发行部联系调换。

本书编委会

主　编　王翠玲

副主编　赵　严　牛晓相

编　委（按姓氏笔画排序）

马靖哲　王致远　牛淮田　宁卓名

杨　晗　单利洋　龚玉猛

序 言

习近平总书记高度重视青少年法治教育，明确提出"普法工作要在针对性和实效性上下功夫，特别是要加强青少年法治教育"。

"青少年"是一个社会学概念，不同语境下对"青少年"的年龄界定是不同的，有的认为是 30 岁以下，有的认为是 35 岁以下，也有的把青少年分为 14 ～ 17 岁和 18 ～ 25 岁两个阶段，14 ～ 17 岁为中学时期，18 ～ 25 岁为大学时期。"未成年"是一个法律概念，它的界限是明确的。在我国，从刚出生到 18 周岁以下的公民都是未成年人。可见，"青少年"的年龄划分依据与"未成年"并不完全相同。

2022 年 6 月 1 日，最高人民检察院发布的《未成年人检察工作白皮书（2021）》显示，当前未成年人保护工作仍然面临严峻复杂的形势，侵害未成年人犯罪数量上升，未成年人犯罪有所抬头，家庭监护问题比较突出，网络对未成年人的影响巨大，未成年人成长的社会环境还需优化。

未成年人保护和预防青少年违法犯罪工作依然任重道远。

作为家长，该如何关怀、培养孩子，为孩子筑牢权利保护的第一道防线呢？作为学校，该如何教育学生遵纪守法，关心和爱护学生健康成长呢？社会和公众又该如何帮助青少年，为他们营造一个适合成长的生活环境呢？而青少年触犯了法律，我国司法对此有没有相关的特别规定呢？在此背景下，我们创作本书以飨读者。

在本书的创作过程中，我们广泛收集并分析了有关未成年人和刚刚步入社会的年轻"成年人"的案例，精心选取了一些具有代表性和典型性的案例。这些案例都是经过侦查、审判的真实案例，具有较强的指导意义。

本书将选取的案例分为三部分：第一部分主要是未成年人违法犯罪的案例；第二部分是刚踏入成年行列的年轻人的违法犯罪案例；第三部分是青少年权利保护案例解析。以便读者按自己的需求查找相应的法律问题，寻求相应的解决办法。

我们将每个案例分为四个部分：第一部分为案例跟踪，描述了案例的基本情况，考虑到未成年人保护，对案例中的人物姓名做了化名处理；第二部分为案例聚焦，引出该案例所涉及的主要法律问题；第三部分为案例解析，结合法院裁决及相关法学原理，阐述了该案的法律应用，旨在以案例分析法律，以法律指引安全；第四部分为法条链接，列举了该案中所涉及的法律条文，以便读者明晰该案最基本的处理依据。

在本书的写作过程中，我们对本书所论常见法律问题慎之又慎，唯恐出现纰漏。在这里欢迎各位读者不吝批评、指正，以期本书日臻完善。

本书编委会

2023 年 7 月 1 日

1 未成年人常见法律问题

2 已成年年轻人
常见法律问题

3 青少年 权利保护案例解析

1

未成年人常见法律问题

各种违法行为

未成年人犯罪是指未成年人实施的犯罪行为。为了保障未成年人身心健康，培养未成年人良好品行，有效地预防未成年人犯罪，大部分国家和地区的法律都针对未成年人的犯罪行为做了特别规定。

　　2020年12月26日，《中华人民共和国刑法修正案（十一）》表决通过，对刑事责任年龄相关规定做了调整：已满十二周岁不满十四周岁的人，犯故意杀人、故意伤害罪，致人死亡或者以特别残忍手段致人重伤造成严重残疾，情节恶劣，经最高人民检察院核准追诉的，应当负刑事责任；修改奸淫幼女犯罪，规定奸淫不满十周岁的幼女或造成幼女伤害等严重情形适用更重刑罚，可处十年以上有期徒刑、无期徒刑或者死刑。

　　刑法的目的是保护权益，刑罚的目的是预防犯罪。《中华人民共和国刑法修正案（十一）》对未成年人刑事责任年龄相关规定做出调整，坚持了对未成年人违法犯罪教育为主、惩罚为辅的原则，结合未成年犯罪人的特点，兼顾被害人和社会的感受，明确对低龄未成年人犯罪既不能简单地"一关了之"，也不能"一放了之"。刑事责任年龄低龄化，要求相应的法制宣传教育同步进行，从而减少未成年人犯罪的发生，保护未成年人健康成长。

"不负刑事责任"年龄的未成人常见法律问题

1.1.1 十岁女童将一岁半幼童从 25 楼摔下，是否要担责?

2013 年 11 月 25 日下午，家住某市某小区的吴某带着自己一岁半的小孙子原某下楼去晒太阳。电梯到达 1 楼开门之后，吴某推着小孙子的车子先走了出来，突然 10 岁左右的李某径直走入电梯，抱起原某随即按下 25 楼，电梯门关闭。吴某见状一时不知所措，在看到电梯停在 25 楼之后，赶紧和邻居一起坐电梯上去。而一岁半的原某在电梯里面一直被李某拳打脚踢。当电梯到了 25 楼之后，李某又把原某扔出电梯，接着往自己家里拖过去。

而当吴某几人上来之后，却已经不见原某的身影。吴某问李某自己的孙子去哪了，李某先是说被一个男孩子抱走了，接着又改口说是被一个女孩子抱走了。事实上，此时的原某已经从 25 楼坠楼。

吴某又前往小区的监控室请求帮助，而这个名叫李某的女孩，却神情自然地将坠落的原某从灌木丛里拖到旁边的小路上，随后淡定离开。不久，一名好心人发现了原某，赶紧将其送至医院抢救。该事件在网上发酵后，气愤的民众纷纷要求惩治凶手。但公安机关因为主犯李某的年龄问题，未能将此次案件定义为刑事案件立案。

案例聚焦

10岁左右正是一个人人生当中最天真烂漫的阶段，本应该无忧无虑地享受童年的乐趣，然而李某却向一个一岁半的幼童狠下毒手。那么，10岁的李某构不构成刑事犯罪？要不要承担刑事责任呢？

案例解析

这个只有10岁的小女孩不仅对原某拳打脚踢，还致其从25层的高楼坠落，更是在其家属面前佯装无辜者，玩弄人心，甚至还亲自下楼将濒死的原某从灌木丛里拖到水泥地上。虽然经过后续治疗，原某保住了生命，但李某的上述暴力行为却给原某的身体带来不可逆的损害。

李某对原某实施加害行为时，年纪仅有10岁，李某实施的加害行为已对原某造成严重的损害，那么李某要不要承担刑事责任呢？答案是否定的，虽然李某的行为比较恶劣，手段极其残忍，但依据《中华人民共和国刑法》（以下简称《刑法》）

第十七条第一、二、三款有关刑事责任年龄的规定：对于未成年人刑事责任年龄，做出了明确的规定，对于已满十六周岁的人，犯罪应当负刑事责任；但对于已满十四周岁不满十六周岁的人，只有实施故意杀人、故意伤害致人重伤或者死亡、强奸、抢劫、贩卖毒品、放火、爆炸、投放危险物质罪这八种犯罪行为的，才负刑事责任；对于已满十二周岁不满十四周岁的人，犯故意杀人、故意伤害罪，致人死亡或者以特别残忍手段致人重伤造成严重残疾，情节恶劣的，经最高人民检察院核准追诉的，才负刑事责任。因此，从刑事责任年龄段上来看，李某实施加害行为时仅有 10 周岁，而我国最低承担刑事责任年龄为 12 周岁，也就是说李某的加害行为手段虽然特别残忍，并且也导致了严重的伤残结果，但其行为是不构成刑事犯罪的。但，如果本案中不考虑李某的具体年龄问题，那么此时李某的加害行为是构成故意伤害罪的，依据我国《刑法》第二百三十四条的规定，故意伤害他人身体的，并且对被伤害人的身体造成轻伤以上的，构成故意伤害罪，如果以特别残忍的手段致人重伤造成严重残疾的，最高刑罚可判处死刑。

虽然李某不承担刑事责任，但是要承担民事侵权责任。依据《中华人民共和国民法典》(以下简称《民法典》)第十九条第一千一百七十九及第一千一百八十八条的规定：十周岁以上的未成年人是限制民事行为能力人，限制民事行为能力人造成他人损害的，由监护人承担侵权责任。有财产的限制民事行为能力人造成他人损害的，从本人财产中支付赔偿费用；不足部分，由监护人赔偿。对于侵害他人造成人身损害的，侵权人或者监护人应当赔偿被侵权人医疗费、护理费、交通费、营养费、住院伙食补助费等为治疗和康复支出的合理费用，以及因误工减少的收入。造成残疾的，应当赔偿辅助器具费和残疾赔偿金；造成死亡的，应当赔偿丧葬费和死亡赔偿金。同时，因不满十六周岁不予刑事处罚的，责令其父母或者其他监护人加以管教；在必要的时候，依法进行专门矫治教育。

孩子健康的成长离不开家庭环境的熏陶和影响，当孩子所处的环境中充斥着暴戾之气，那我们就不能寄希望于人格尚未发育完全的孩子能"出淤泥而不染"。同时，在虐待、暴力的另一端，无底线的宠溺同样是一把扭曲孩子心理的尖刀，会让孩子丧失辨别是非、控制情绪的能力。因此，教育孩子，始终要以客观、公正、有底线的方式进行。当家长以个人情绪对孩子乱发脾气时，当家长护犊子已经不分是非时，最后的恶果必然由一家人来承担，而悲剧往往就是这样发生的。

法条链接

《中华人民共和国刑法》第十七条 【刑事责任年龄】已满十六周岁的人犯罪，应当负刑事责任。

已满十四周岁不满十六周岁的人，犯故意杀人、故意伤害致人重伤或者死亡、强奸、抢劫、贩卖毒品、放火、爆炸、投放危险物质罪的，应当负刑事责任。

已满十二周岁不满十四周岁的人，犯故意杀人、故意伤害罪，致人死亡或者以特别残忍手段致人重伤造成严重残疾，情节恶劣，经最高人民检察院核准追诉的，应当负刑事责任。

对依照前三款规定追究刑事责任的不满十八周岁的人，应当从轻或者减轻处罚。

因不满十六周岁不予刑事处罚的，责令其父母或者其他监护人加以管教；在必要的时候，依法进行专门矫治教育。

第二百三十四条 【故意伤害罪】故意伤害他人身体的，处三年以下有期徒刑、拘役或者管制。

犯前款罪，致人重伤的，处三年以上十年以下有期徒刑；致人死亡或者以特别残忍手段致人重伤造成严重残疾的，处十年以上有期徒刑、无期徒刑或者死刑。本法另有规定的，依照规定。

《中华人民共和国民法典》第一千一百七十九条 【人身损害赔偿范围】侵害他人造成人身损害的，应当赔偿医疗费、护理费、交通费、营养费、住院伙食补助费等为治疗和康复支出的合理费用，以及因误工减少的收入。造成残疾的，还应当赔偿辅助器具费和残疾赔偿金；造成死亡的，还应当赔偿丧葬费和死亡赔偿金。

《中华人民共和国民法典》第一千一百八十八条 【监护人责任】无民事行为能力人、限制民事行为能力人造成他人损害的，由监护人承担侵权责任。监护人尽到监护职责的，可以减轻其侵权责任。

有财产的无民事行为能力人、限制民事行为能力人造成他人损害的，从本人财产中支付赔偿费用；不足部分，由监护人赔偿。

1.1.2 "不负刑事责任"就是"无罪"吗？

已满 11 周岁的小明（化名）正在读七年级。由于防控新冠疫情的需要，小明所就读学校通过网课形式开展教学工作。小明的父母为了孩子能准时上课，专门为小明配备了一部智能手机。

起初，小明只是用手机打卡听课，但随着父母对他监管不到位，他开始接触网络直播。在观看网络直播时，小明看到别人刷礼物会得到主播夸赞，自己也开始为主播刷礼物。随着刷礼物的金额增多，小明在该平台的级别也越来越高，无论到哪个直播间都会被人吹捧，小明的虚荣心得到了满足。小明手里的零花钱全部打赏完后，陷入焦虑状态，不刷礼物就得不到赞赏，内心感觉很失落。

在去同学家（邻居）做功课的时候，小明看到同学家的抽屉里放着一些金银首饰，便忍不住将这些首饰全部装进自己书包里带出去，低价卖给了路人，所得 23000 元全部用于给主播刷礼物。邻居在发现金银首饰丢失后选择了报警。

警方介入后，很快就查明了真相。据悉，小明前后共给不同主播打赏 3 万有余，小明的家长向直播平台请求返还小明打赏的金钱。

 **案例聚焦**

小明作为 11 周岁的未成年人，盗窃邻居财物的行为是否构成犯罪？给主播打赏的金钱，父母能否追回？

案例解析

依据《民法典》第十七条规定：十八周岁以上的自然人为成年人，不满十八周岁的自然人为未成年人。案例中小明刚满 11 周岁，属于未成年人。

有人认为：只要未满"刑事责任年龄"，未成年人就不在法律管辖范围内，因此就是"无罪"的。这种认知是错误的。该案中，小明盗窃邻居金银首饰的行为构成盗窃罪。

盗窃罪是指以非法占有为目的，盗窃公私财物数额较大的行为。小明将盗窃的金银首饰低价处理仍获利 23000 元。盗窃的目的是贩卖以获得金钱用于直播平台打赏，小明的行为已经构成了刑事犯罪。但因其是不满 12 周岁的未成年人，尚未达到承担刑事责任的年龄，公安部门责令其父母对小明进行批评教育。但小明的父母作为小明的监护人，对小明盗窃邻居金银首饰的行为，需承担民事赔偿责任。经核实，小明盗窃变卖的金银首饰价值 7 万元，小明父亲全额赔偿，最终小明获得了邻居的谅解。

　　小明给主播打赏的金钱，小明的父母是否能够追回呢？依据《民法典》第十九条规定："八周岁以上的未成年人为限制民事行为能力人，实施民事法律行为由其法定代理人代理或者经其法定代理人同意、追认；但是，可以独立实施纯获利益的民事法律行为或者与其年龄、智力相适应的民事法律行为。"

　　这条规定相当于赋予了未成年人一张"法律身份证"，对未成年人在不同年龄段的民事行为能力给予了更清晰的界定。依据这条规定，如果未成年人未满8周岁，属于无民事行为能力人，他的网络打赏行为是无效的，监护人可以要求返还；对于8周岁以上的未成年人，属于限制民事行为能力人，他的打赏行为需要根据心智成熟状况来区别对待。由此可知，小明父母想全部追回小明所打赏的金钱是有一定难度的，这个需要相关证据支持。

法条链接

《中华人民共和国刑法》第二百六十四条 【盗窃罪】盗窃公私财物，数额较大的，或者多次盗窃、入户盗窃、携带凶器盗窃、扒窃的，处三年以下有期徒刑、拘役或者管制，并处或者单处罚金；数额巨大或者有其他严重情节的，处三年以上十年以下有期徒刑，并处罚金；数额特别巨大或者有其他特别严重情节的，处十年以上有期徒刑或者无期徒刑，并处罚金或者没收财产。

《中华人民共和国民法典》第十七条 【成年时间】十八周岁以上的自然人为成年人。不满十八周岁的自然人为未成年人。

第十九条 【限制民事行为能力的未成年人】八周岁以上的未成年人为限制民事行为能力人，实施民事法律行为由其法定代理人代理或者经其法定代理人同意、追认；但是，可以独立实施纯获利益的民事法律行为或者与其年龄、智力相适应的民事法律行为。

1.2
已满十二周岁未满十四周岁的
未成年人常见法律问题

1.2.1　未满十四周岁的未成年人，就不需要承担刑事责任？

案例跟踪

　　在读八年级的李刚（化名）已满12周岁。李刚在学校经常欺压同学，学校在对其屡次教育无效的情况下，令其父母将其带回家里反省两日。李刚回家后，遭到了父母的痛打。父母在打他的时候，反复提及班里的王老师。李刚内心开始对王老师产生憎恨。

　　李刚返校后的第一节课就是王老师的课。王老师刚进班级，李刚便把课本扔到王老师脸上。为了不影响上课，王老师让学生小明把课本送到李刚课桌上。结果李刚接到课本后，却用课本扇打小明的脸，小明当场就哭了起来。王老师很生气，说李刚在家是不是没有反省够。这一句话激怒了李刚，他说了一句"放学后等着"就不再吭声了。

　　放学后，李刚纠集几人拦下并辱骂王老师。王老师忍无可忍给李刚父母打电话，李刚一把夺走手机，并对王老师拳打脚踢。

13

王老师反抗的时候，李刚说了一句"我不满14周岁，就是把你打残了也不会坐牢"，说完又拿砖头向王老师头上拍下。王老师被打成植物人。

后警方介入，将李刚等人抓获归案，并依法追究李刚等人的刑事责任。

刑法

我不满14周岁，就是把你打残也不会坐牢。

案例聚焦

李刚在殴打王老师过程中说其不满14周岁，即使把人打残了也不会坐牢，这种言论是否有法律依据？面对不满14周岁的未成年人犯罪，我国法律真是这样规定的吗？

 **案例解析**

我们先从法律的角度来分析这个案件。首先，《刑法》第十七条第五款明确规定，"因不满十六周岁不予刑事处罚的，责令其父母或者其他监护人加以管教；在必要的时候，依法进行专门矫治教育。"专门矫治教育是《中华人民共和国预防未成年人犯罪法》（以下简称《预防未成年人犯罪法》）规定对未成年人实施严重不良行为的一种处分措施，具体是指，未成年人有刑法规定的行为，因不满刑事责任年龄不予刑事处罚的，经专门教育指导委员会评估同意，教育行政部门会同公安机关可以决定对其进行专门矫治教育。省级人民政府应当结合本地的实际情况，至少确定一所专门学校按照分校区、分班级等方式设置专门场所，对这些未成年人进行专门矫治教育。上述专门场所实行闭环管理，由公安机关、司法行政部门负责未成年人的矫治工作，教育行政部门承担未成年人的教育工作。这是应对低龄未成年人违法犯罪的重要制度建设。这对于青春期好动的青少年来说也是一种威慑，做了错事，就要以牺牲自由为代价进行救赎。

其次，为了更好地防范未成年人犯罪事件的发生，我国刑法针对一些情节严重、性质恶劣的犯罪行为降低了年龄边界。"已满十二周岁不满十四周岁的人，犯故意杀人、故意伤害罪，致人死亡或者以特别残忍手段致人重伤造成严重残疾，情节恶劣，经最高人民检察院核准追诉的，应当负刑事责任。"本案中李刚已满12周岁，他在殴打王老师过程中所说的"打残了也不会坐牢"的说法显然是不成立的，他潜意识里认为自己未满14周岁，就无需对自己的行为承担法律责任，正是这种有恃无恐的心理，才导致最后悲剧的发生。在实际案件中，因他的殴打行为导致王老师变成植物人，符合故意伤害致人重伤的情节，因此，他必须要为自己的冲动承担相应的刑事责任。

法 条 链 接

《中华人民共和国刑法》第十七条 【刑事责任年龄】同 1.1.1 法条链接。

《中华人民共和国预防未成年人犯罪法》第四十四条 未成年人有下列情形之一的，经专门教育指导委员会评估同意，教育行政部门会同公安机关可以决定将其送入专门学校接受专门教育：

（一）实施严重危害社会的行为，情节恶劣或者造成严重后果；

（二）多次实施严重危害社会的行为；

（三）拒不接受或者配合本法第四十一条规定的矫治教育措施；

（四）法律、行政法规规定的其他情形。

1.2.2 限制民事行为能力人的赔偿责任该由谁承担?

原告赵某（12 周岁）与被告朱某某（11 周岁）系某地一小学六年级的学生。2018 年 11 月 8 日下午第三、第四节课课间,同学刘某、韩某某在教室打闹,韩某某因追不上刘某,便让赵某抱住了刘某。朱某某负责班级纪律工作,要求赵某松手,赵某不松手,朱某某推开赵某,赵某与朱某某相互厮打,朱某某将赵某推撞到墙上。

赵某感到肩膀疼痛。

班主任来到教室后随即通知了赵某、朱某某的家长。放学后，赵某前往医院就诊，被诊断为锁骨骨折，住院 11 天，支出医疗费 36097.86 元。2019 年 8 月 1 日，赵某在天津某医院进行第二次手术，住院 6 天，支出医疗费 12202.24 元。赵某先后两次起诉，要求朱某某、朱某某的父母及所就读的小学赔偿医疗费、住院伙食补助费、交通费、护理费、营养费、精神损害抚慰金等各项损失共计 6.8 万余元。

案例聚焦

事发时，被告朱某某 11 周岁，系限制民事行为能力人，无法独立承担民事责任，其赔偿责任该由谁承担？学生在校期间发生伤害案件，学校是否应承担相应赔偿责任？

案例解析

本案是一起未成年人校园伤害的典型案例。活泼好动是青少年的天性，在课间追逐嬉闹及体育运动中难免发生身体碰撞，引发侵权纠纷。此类案件的审理，关键在于厘清各方的责任。本案中，两名未成年人分别为 11 和 12 周岁。依据《民法典》第十九条、第二十七条、第一千一百八十八条的规定，八周岁以上的未成年人为限制民事行为能力人，限制民事行为能力人造成他人损害的，由监护人承担侵权责任。

依据《民法典》一千一百八十九条规定，监护人将未成年学生送至学校学习，其监护职责并未转移到学校；学校也不因接受未成年学生到校学习，自然而然地承担起对该学生的监护职责。但依据《民法典》第一千二百条规定，对在校学习的限制民事行为能力人，学校虽然没有监护职责，但有教育、管理的职责，未尽到上述职责的，应当承担侵权责任。

本案中，事发时原告赵某、被告朱某某均系限制民事行为能力人，作为六年级学生对自己的行为具有一定的辨认能力，对其行为后果具有一定的预见能力。朱某某制止同学打闹，未注意采取合理的方式方法，致原告受伤，应承担与其过错相应的赔偿责任，其作为限制民事行为能力人造成他人损害的，由监护人承担侵权责任。赵某未遵守课间纪律与同学打闹，亦未听从同学朱某某的制止，与朱某某厮打，对其损害的发生也有过错，可以减轻侵权人的责任。

本事件发生在校园内，课间教师未及时发现情况制止学生打闹，亦未及时将受伤学生送医治疗，应认定学校未充分履行教育管理义务，也应对伤害后果承担一定的赔偿责任。

综上，结合对原告实际损失数额的认定，法院判决被告朱某某的监护人，即朱某某的父母赔偿原告损失的50%。

本案警醒大家，中小学生在校追逐嬉闹需要节制有度，尽可能避免给他人造成伤害。在校未成年学生要增强法治意识，自觉遵守校规校纪，规范自身行为。中小学校也需加强课间秩序管理。

各方共同努力，减少未成年人校园伤害事件发生。

 **法条链接**

《中华人民共和国民法典》第十九条 【限制民事行为能力的未成年人】同 1.1.2 法条链接。

第二十七条 【未成年人的监护人】父母是未成年子女的监护人。

未成年人的父母已经死亡或者没有监护能力的，由下列有监护能力的人按顺序担任监护人：

（一）祖父母、外祖父母；

（二）兄、姐；

（三）其他愿意担任监护人的个人或者组织，但是须经未成年人住所地的居民委员会、村民委员会或者民政部门同意。

第一千一百八十八条 【监护人责任】无民事行为能力人、限制民事行为能力人造成他人损害的，由监护人承担侵权责任。监护人尽到监护职责的，可以减轻其侵权责任。

有财产的无民事行为能力人、限制民事行为能力人造成他人损害的，从本人财产中支付赔偿费用；不足部分，由监护人赔偿。

第一千一百八十九条 【委托监护责任】无民事行为能力人、限制民事行为能力人造成他人损害，监护人将监护职责委托给他人的，监护人应当承担侵权责任；受托人有过错的，承担相应的责任。

第一千二百条 【教育机构对限制民事行为能力人受到人身损害的过错责任】限制民事行为能力人在学校或者其他教育机构学习、生活期间受到人身损害，学校或者其他教育机构未尽到教育、管理职责的，应当承担侵权责任。

1.3
已满十四周岁未满十六周岁的
未成年人常见法律问题

1.3.1 未成年人即使有犯罪行为，也不构成犯罪、不被追究刑事责任吗？

此案例是一封求助信，大概内容是这样的：小明（化名）曾经遭受过校园欺凌，有次在放学路上被同学勒索钱财时，被张某解救。随后在张某的保护下，小明没有再遭受过校园欺凌。

小明一直比较感激张某，向张某表达了自己想有所回报的意思。张某对小明说，你如果想报答我，就抽空把一包药粉投放到学校餐厅后厨的面粉里，这包药粉没有毒，就是会让人拉肚子。小明问为什么，张某说他现在正在与人竞争学校食堂承包权，只要现在正在经营的这家单位出现了食品安全事故，他就可以百分之百拿到承包权，如果张某拿到食堂承包权后，小明就可以免费吃饭，在校园里也可以更好地保护小明。小明说犯法的事情他不敢做，张某劝小明说，你今年才15岁，即使被发现了，也构不成犯罪，不会被追究刑事责任，最多在学校受到处分。

小明在张某不断地劝说下，无奈答应了张某的请求。回到家里，小明心里还是忐忑不安，翻来覆去睡不着觉，半夜起床在网上匿名发了一封求助信，询问这样做是否构成犯罪？有网友看到求助信后迅速报了警，警方根据网络线索找到了小明，及时制止了小明的行为，并对小明进行了批评教育。

案例聚焦

张某劝说小明投放药粉的行为是否构成犯罪？小明如果按照张某教唆完成了药粉投放的行为，真的不构成犯罪，不会被追究刑事责任吗？

 **案例解析**

本案案情虽然简单，但如果不是警方及时制止了小明的行为，小明把药粉投放到学校餐厅后厨面粉里后，是否只是造成就餐学生拉肚子的情况尚未可知，也可能会导致就餐学生中毒或者更严重情况的发生。虽然张某起初帮助小明免遭校园欺凌的行为是值得赞扬的，但后期为了自己利益诱导小明使用非法手段打击竞争对手的行为，是法律所禁止的。

张某的行为表现方式是劝说小明帮助自己拿到学校食堂的承包权，其实质是教唆小明参与违法犯罪活动。虽然小明最后没有按照张某指示完成投放药粉行为，但张某的行为依然构成了教唆犯罪，依照我国《刑法》第二十九条的规定可以从轻或者减轻处罚。

小明按照张某要求完成投放药粉的行为肯定是构成犯罪的，但是否追究刑事责任需要根据事实情况来判定。如果投放后，没有造成任何危害行为则不追究刑事责任。投放后如果造成前来就餐的同学拉肚子的后果，则会追究小明的刑事责任。我国《刑法》第十七条规定：已满十四周岁不满十六周岁的人，犯故意杀人、故意伤害致人重伤或者死亡、强奸、抢劫、贩卖毒品、放火、爆炸、投放危险物质罪的，应当负刑事责任。结合本案例和《刑法》的相关规定，小明投放的药粉可能是危险物质，所以张某说的小明今年刚15周岁不构成犯罪，不会被追究刑事责任是错误的。

《中华人民共和国刑法》第十七条 【刑事责任年龄】同 1.1.1 法条链接。

第二十九条 【教唆犯】教唆他人犯罪的，应当按照他在共同犯罪中所起的作用处罚。教唆不满十八周岁的人犯罪的，应当从重处罚。如果被教唆的人没有犯被教唆的罪，对于教唆犯，可以从轻或者减轻处罚。

1.3.2 已满十四周岁男性和未满十四周岁女性发生性关系，是否构成犯罪？

李强（化名）16 岁，是某中学校篮球队队长，不但篮球打得好，人长得也帅，在校期间经常收到女生写的情书。因为升学压力，李强曾公开表示只专注学业，不谈恋爱。

九年级第二次模拟考试时，李强发挥失常，考试成绩很不理想，放学后独自一人坐在操场发呆。一直对李强心生情愫的张某（13 岁）看到李强一人在操场发呆后，便走过去询问原因。在张某的安慰下，李强很快调整好了心态，重新投入到备考学习中。之后，二人断断续续有联系，中考结束后，两人确定了恋人关系。

李强顺利考入梦寐以求的高中，晚上和同学们在一起庆祝，张某也到场，李强喝多后，张某送李强回家，那天晚上二人发生了关系。不久之后，张某发现自己好像怀孕了，并把情况告知了自己的父母。张某父母带其去医院检查，发现张某果然怀孕了。张某父母一怒之下，去当地派出所告李强强奸其女儿。

警方录口供时，张某一再表示她和李强发生关系是自愿的。但经警方核实，二人发生性关系时，张某尚未满14周岁。检察院提起公诉后，法院判李强强奸罪罪名成立。

此案件让人痛心疾首，李强作为一名好学生，本身没有犯罪的故意，最终却被判了刑。双方发生性关系时均为自愿，李强的行为是否构成犯罪？是否应当承担刑事责任？

中学生处于青春萌动期，世界观、价值观、人生观都处于萌芽状态，对社会的认知还不够全面。父母和学校的教育不能做到全领域覆盖，有些错误在不经意间犯下则会影响到自己的一生。本案中李强虽然在学校期间能够明白什么应该做、什么不应该做，并且一直做得很好，但顺利考入心仪高中后，偶然的一次放纵却给自己惹来了官司。

李强在和张某发生性关系时，可能简单源于荷尔蒙的冲动，又因两人皆是自愿。伴随张某怀孕情况的发生，二人无意犯下的错误也被公之于众。从本案例来看，张某父母报警的行为并无过错，女儿年纪轻轻就怀孕，很可能是被人侵犯或诱导所致，如果父母帮忙遮掩，可能还会有其他犯罪情形的发生。警方在查明李强和张某发生性关系的时间后，发现李强确实触犯了刑法，需要承担相应的刑事责任。

我国《刑法》规定，行为人明知是不满十四周岁的幼女而与其发生性关系，不论幼女是否自愿，均以强奸罪定罪处罚。李强在口供里也说了自己在为张某准备 14 周岁的生日礼物，对张某的年龄应是知情的。

我国《刑法》第二百三十六条规定的强奸罪是"违背被害人意愿，使用暴力、威胁或者其他手段强行与被害人进行性交的强制性行为"，但在实际中为了保护未成年幼女，刑法规定只要与未满14周岁的幼女发生性关系，无论幼女自愿与否，都以强奸罪定罪处罚。随着社会的发展进步，现在的中学生越来越早熟，如果不能做好普法宣传，可能会造成很多无意识犯罪情况的发生。

法条链接

《中华人民共和国刑法》第二百三十六条 【强奸罪】以暴力、胁迫或者其他手段强奸妇女的，处三年以上十年以下有期徒刑。

奸淫不满十四周岁的幼女的，以强奸论，从重处罚。

强奸妇女、奸淫幼女，有下列情形之一的，处十年以上有期徒刑、无期徒刑或者死刑：

（一）强奸妇女、奸淫幼女情节恶劣的；

（二）强奸妇女、奸淫幼女多人的；

（三）在公共场所当众强奸妇女、奸淫幼女的；

（四）二人以上轮奸的；

（五）奸淫不满十周岁的幼女或者造成幼女伤害的；

（六）致使被害人重伤、死亡或者造成其他严重后果的。

1.3.3 遭受校园欺凌，反抗时将对方打伤，是否构成正当防卫？

　　某县中学刚入校不久的小勇（化名），多次被高年级学生小马（化名）等人欺负。2018 年 10 月的一天，小马又一次打骂小勇，并声称第二天还要打他，小勇听后很害怕。第二天下午，小勇在学校操场又碰见小马，小马便在小勇头上打了几下，又将小勇拉到自己的教室。此时，小马的好朋友小明（化名）看见小勇被打，不但没有劝阻，反而上前与小马一起对小勇拳打脚踢。小勇挣脱后，小马、小明以及教室的另一些男同学共十几人一起追上来，又将小勇打翻在地。情急之下，小勇拿出口袋里的削笔刀挥了一下，将小明戳伤，经鉴定小明肺破裂构成重伤。

　　当地县公安局以小勇涉嫌故意伤害罪将他移送当地县人民检察院审查起诉。办案检察官审阅案卷并补强证据后认为，小勇当天被挑衅、殴打后，先是解释退让，直至遭到对方第三次围殴，小马、小明等十几个人的拳打脚踢对他的人身安全造成了非常紧迫的危险后才拿出的刀子。检察院在查明情况后，依法对小勇作出了不起诉决定。

案例聚焦

当地县检察院在对小勇作出不起诉决定后，在当地引起了一些争议，一部分人认为小勇随身携带着刀具，不应当认定为正当防卫，应以故意伤害罪论处。

案例聚焦

本案中，小勇遭受的校园欺凌是具有持续性的，小勇的应对措施是先解释退让，然后伺机逃跑。可欺凌他的小马、小明等同学却穷追不舍，从教室内打到教室外，从两人可控制危害程度的殴打发展到十几人参与、不可控危害程度的殴打，此时此刻小勇的生命安全已经无法得到保障。

我国《刑法》第二十条规定：为了使国家、公共利益、本人或者他人的人身、财产和其他权利免受正在进行的不法侵害，而采取的制止不法侵害的行为，对不法侵害人造成损害的，属于正当防卫，不负刑事责任。根据有关司法精神，预知有人意图伤害自己，随身携带刀及其他防身武器的，不影响正当防卫的认定。因此，小勇的行为属于正当防卫，对小明的损害后果不负刑事责任。故意伤害罪是指行为人故意非法损害他人身体健康的行为。小勇并无故意伤害的意图，对小明造成的伤害也是迫于保护自己的无意识行为，即使小勇年满15周岁，对小明造成重伤，如果以故意伤害罪论处，则与刑法第十七条规定的意图不符，县检察院对小勇作出不起诉的决定是正确的。

法条链接

《中华人民共和国刑法》第十七条 【刑事责任年龄】同 1.1.1 法条链接。

第二十条 【正当防卫】为了使国家、公共利益、本人或者他人的人身、财产和其他权利免受正在进行的不法侵害，而采取的制止不法侵害的行为，对不法侵害人造成损害的，属于正当防卫，不负刑事责任。

正当防卫明显超过必要限度造成重大损害的，应当负刑事责任，但是应当减轻或者免除处罚。

对正在进行行凶、杀人、抢劫、强奸、绑架以及其他严重危及人身安全的暴力犯罪，采取防卫行为，造成不法侵害人伤亡的，不属于防卫过当，不负刑事责任。

第二百三十四条 【故意伤害罪】同 1.1.1 法条链接。

1.3.4 一时冲动盗走了同学的手机，想还给他又怕为此坐牢，能还给他吗？

案例跟踪

小明（化名），15 岁，某中学九年级学生，由于家住山区，每个月只能回家一次，每次回家都会带足一个月的生活费。2018年10月7日，小明从家坐车返回学校，下车后发现自己的手机丢了，在遍寻无果的情况下只能先返回学校。

以前每次到达学校后，小明都会给家里人打个电话报平安，然后关机等到周末再和家人联系。"这次手机丢了，到校后不能打电话，估计家里会着急了吧。"想到这里，小明准备找个同学先借个手机报平安。

准备出宿舍门时，小明看到小李的手机掉在床底的洗脸盆里，他拿起一看还关着机，就按了下开机键，手机打开后，他准备问小李要开机密码，刚出门看到小李也正在找人借电话，说自己手机找不到了，小明立即把小李的手机重新关机。

小明想："我来到宿舍的时候，小李手机已经丢了，他不会怀疑我，我给家里人说我手机丢了，再买一个又要给本不富裕的家庭增加困难。我现在把小李手机带出学校卖掉买个新的，这样也不会有人怀疑。"就这样，小明把关机后的手机藏到了自己的鞋子里。小明准备尽快出校把手机卖了再重新补张手机卡。这时小李回到宿舍说："明明进宿舍楼的时候还拿着手机，现在怎么也找不到，肯定被人偷走了，我已经报警，等警察过来搜。"听到这里，小明坐在床上不敢动了。

警察来了后，发现小明脸色有异，但并未当场询问，而是让宿舍人员单个留下询问。在询问到小明时，小明说出了实情。警察在得知详细情况后，帮小明做了遮掩，把手机重新放到床下的洗脸盆里，并用毛巾做了掩盖。在全部询问完毕后，警察说询问无果，只能开始搜查了，警察随便翻了会儿，便在小李的洗脸盆里翻到了。这个时候小李说："我睡觉的时候听见嘭的一声，原来是手机掉到盆里了，还摔关机了，我说怎么打不通呢。"小李一脸悻悻然。警察看了一眼小明后，就离开了。

从帮助的角度去为犯错者想办法，在想办法的过程中，让犯错者认识到错误，然后让他乐意弥补自己的错误。

第二天警察带着小明的手机来到学校，交还给他时说："你手机被人错拿了，对方意识到后赶紧交给了客车司机，我们去查了查，就给你送来了。"小明看着送手机的警察，两眼流下了泪珠。

33

 **案例聚焦**

学生时代，尤其是中学时代，班级某位同学丢失了东西，老师常常会说："趁还没报警，主动交出来，等警察来了搜出来，就要被抓去坐牢。"偷盗不贵重的东西会被批评教育，偷盗贵重的东西真的要被抓去坐牢吗？

案例解析

本案中由犯罪行为的发生，最后演变成一个意外事件。从案件本身来看，小明确实存在偷盗小李手机的行为，根据小明向警察反映的情况，他有非法占有的意图，也有变卖为现金的想法，如果警察来得不及时，小明就会真的酿成过错。但即使小明真的把手机变卖，将钱财据为己有，也不会被警察带走坐牢，只会通知家长和学校对其进行批评教育和记过处分。

我国《刑法》第十七条规定：已满十四周岁不满十六周岁的人，犯故意杀人、故意伤害致人重伤或者死亡、强奸、抢劫、贩卖毒品、放火、爆炸、投放危险物质罪的，应当负刑事责任。小明 15 周岁，一时冲动偷盗同学手机的行为只是构成了犯罪，并不会被追究刑事责任，坐牢也是不可能的。在司法实践中，对这种性质不恶劣、偶然一次的盗窃行为，多是以批评教育、民事赔偿为主。

在司法实践中，很多未成年人盗窃不是不愿承认，更多的是不敢承认。一项调查问卷显示，第一次盗窃后，偷盗者都会有愧疚和想归还的心理，之所以没有归还，一是担心被警察抓走，二是出于羞耻心不敢当众归还。

作为成年人要明白，处理学生问题的目的，不是处理学生，而是处理问题。从帮助的角度去为犯错者想办法，在想办法的过程中，让犯错者认识到错误，然后让他改正自己的错误。

《中华人民共和国刑法》第十七条 【刑事责任年龄】同 1.1.1 法条链接。

第二百六十四条 【盗窃罪】同 1.1.2 法条链接。

1.3.5　被威胁犯了抢劫罪，还能回头吗？

李阳（化名）15 岁，某县城留守儿童，和爷爷奶奶一起生活。上小学的时候成绩很好，上中学后学习成绩下降，为了不让爷爷奶奶担心，每次都谎报自己成绩很好，在班里名列前茅。由于学习成绩严重下滑，老师便给李阳父母打电话询问情况，让他们多多关注孩子的学习，不能因为在外打工，就对孩子不闻不问。

李阳父母给李阳爷爷奶奶打电话询问孩子学习情况，得知李阳一直在欺骗两位老人后，李阳父亲怒不可遏，在电话里狠狠羞辱了李阳一番，李阳爷爷奶奶并没有责怪李阳，而是鼓励李阳好好学习。

李阳听完爷爷奶奶的话，心里更加难受，开始不按时回家。在街上逛荡久了，李阳结识了几个社会上的朋友。一天晚上，几人吃过饭后寻思着去网吧包夜，到网吧后几人身上的钱只够交网费，几人携带的香烟抽完后，坐不住了，想买烟又没钱。几人一商量，走到网吧一个角落，把正在上网的一个人围起来，让他掏钱给大家买烟、买水。迫于形势，对方真的给他们买了。目的达成后，李阳坐在自己的位置上惴惴不安，不时瞅向对方，担心对方报警，一直到第二天天亮也没警察过来，几人找了地方休息。这件事情结束后，几人又以同样的方式在网吧向他人索取财物。最后一次，李阳在网吧遇到了同班同学，同学看到是他后，不但不给钱，还对他进行了辱骂，同行的力哥把李阳的同学拉出网吧打了一顿，让李阳从他口袋里拿走钱包。

这件事情发生后，李阳感觉很内疚，抢了自己同班同学，每天上学还都能见到。他找到力哥，说以后不愿意再干这种向他人索要财物的事情了，有钱就玩，没钱不玩。力哥听完，对李阳说，咱们都已经犯了抢劫罪，回不了头了，一次是犯罪，多几次也是犯罪，现在也没出事，让李阳不用担心，并警告李阳不要和家里说这事。

李阳听力哥说自己已经犯了抢劫罪，惶恐不已，上次抢过同学钱包后，他就下决心与现在的浪荡生活做个了断，准备好好学习。错一次，就要永远错下去吗？李阳内心很痛苦，回去和爷爷坦白了这段时间发生的事情，爷爷带着李阳去公安局说明情况。

我自首,还会有回头路吗?

　　公安局立案调查,经警方查证,李阳共参与勒索、抢劫金额有 1000 元左右,勒令全部返还,李阳被暂时羁押。案件移送到检察院后,检察院鉴于李阳属于未成年人,有自首表现,犯罪情节轻微,决定不对李阳提起公诉。

案例聚焦

　　此案例争议点是李阳的行为是否构成犯罪。李阳作为未成年人,当地公安在李阳主动说明自己所犯错误的情况下,仍然对李阳进行羁押立案调查,是不是显得不通情理。

案例解析

此案明确传达了一个信号："有法可依，有法必依，执法必严，违法必究。"依法治国是我国的基本国策。李阳作为15岁的青少年，已经达到了触犯抢劫罪的年龄，我国《刑法》第十七条规定：已满十四周岁不满十六周岁的人，犯故意杀人、故意伤害致人重伤或者死亡、强奸、抢劫、贩卖毒品、放火、爆炸、投放危险物质罪的，应当负刑事责任。李阳需为自己的过错承担刑事责任。

本案中关于李阳是如何走向违法犯罪的道路有详细描述，留守儿童、成绩下滑、心理疏导不到位等都是造成李阳犯错的原因。本案中的李阳是千万留守儿童的一个缩影，无意识中做了错事，意识到自己做错后又显得手足无措。李阳是幸运的，他有一个通晓事理的爷爷，爷爷及时带他到当地公安局说明情况，挽救了李阳。李阳的路还很长，迷途知返，依然可以拥有光明前程。

李阳等人前期向他人索要财物的行为属于勒索，唯有对李阳同班同学的那次属于抢劫。我国《刑法》第二百六十三条规定的抢劫罪，是以非法占有为目的，对财物的所有人、保管人当场使用暴力、胁迫或其他方法，强行将公私财物抢走的行为。我国《刑法》第二百七十四条规定的敲诈勒索罪，是指以非法占有为目的，对被害人使用威胁或要挟的方法，强行索要公私财物的行为。

李阳对自己犯下的"敲诈勒索罪"不需要承担刑事责任，但需要赔偿受害者。

本案中当地检察院最后对李阳作出不起诉的决定也是符合法律要求的。李阳本身属于未成年人，犯罪情节轻微，又有自首表现，符合我国《刑法》应当从轻或者减轻处罚要求，结合《中华人民共和国未成年人保护法》(以下简称《未成年人保护法》)的相关规定，李阳返还了勒索和抢劫财物，又被羁押了一段时间，该有的惩罚已有，不起诉是对李阳迷途知返的认可，也是对李阳的一种保护，相信李阳在以后的人生道路中可以走得更好。

法条链接

《中华人民共和国刑法》第十七条 【刑事责任年龄】同 1.1.1 法条链接。

第二百六十三条 【抢劫罪】以暴力、胁迫或者其他方法抢劫公私财物的，处三年以上十年以下有期徒刑，并处罚金；有下列情形之一的，处十年以上有期徒刑、无期徒刑或者死刑，并处罚金或者没收财产：

（一）入户抢劫的；

（二）在公共交通工具上抢劫的；

（三）抢劫银行或者其他金融机构的；

（四）多次抢劫或者抢劫数额巨大的；

（五）抢劫致人重伤、死亡的；

（六）冒充军警人员抢劫的；

（七）持枪抢劫的；

（八）抢劫军用物资或者抢险、救灾、救济物资的。

第二百七十四条 【敲诈勒索罪】敲诈勒索公私财物，数额较大或者多次敲诈勒索的，处三年以下有期徒刑、拘役或者管制，并处或者单处罚金；数额巨大或者有其他严重情节的，处三年以上十年以下有期徒刑，并处罚金；数额特别巨大或者有其他特别严重情节的，处十年以上有期徒刑，并处罚金。

1.3.6 中学生组团嫖娼，是否构成犯罪？

高考结束后，小明、小虎、小雷（均为化名）三人相约在一家烧烤店庆祝。小明 15 岁，小虎 15 岁，小雷 17 岁。聚会结束后，已经是晚上 11 点了，加上几人都有醉意，商议找宾馆休息，以免回到家里后遭到父母训斥。三人分别隐瞒自己的父母谎称去同学家休息了，然后就近找了一家宾馆入住。三人在房间玩"斗地主"游戏的时候，听到有人敲门，小雷打开门没有看到人，却发现了一张招嫖的卡片。

小雷拿卡片回到房间，三人看着招嫖卡片的信息，停止了玩"斗地主"游戏。小雷说，不知道真的假的，要不咱打电话试试？小明把卡片拿到手里翻来覆去地看了几遍说，真想试试。小虎说，嫖娼是违法行为，万一被发现了，咱们可是要坐牢的。听到这里，小雷和小明也有点畏惧，场面一时有点安静。小虎边继续洗牌边说，电话能打通人家也不会来，咱们三个身上一共也就不到 500 元，钱也不够，所以咱们还是老老实实玩儿牌，然后休息吧。小雷也赞成继续打牌，但是小明已经被卡片扰乱了心智，说，要不你们两个把钱借给我，我想试试。几人讨论了一会儿，同意让小明打电话，小明忐忑地拨通电话，对方在问清地点后，说一会儿就到。

电话联系后，几人又有些后悔，但是事情已经这样了，只能选择等待。过了十几分钟，听到敲门声，小明去开门。对方一进门说，三个人？小明说不是，他们两个会先出去等待。在问清年龄后，对方说三个人也可以。三个人怀着忐忑不安的心情，一起去卫生间洗澡，在卫生间里三人也不知道说什么，你看我，我看你。小虎说，雷哥你年龄大，你先出去吧，我有点害怕。小雷也害怕，但是三个人总不能一直在卫生间待着，正准备出去的时候，又有人敲门，这回是警察来了。就这样三人被带到了当地派出所。在录完口供后，警方打电话通知他们的父母来交罚款。

案例聚焦

小明、小虎未满 16 周岁，小雷满了 16 周岁，警方在对三人处理时是否应该分别对待？三人在洗澡时，警察就来了，没有性行为的发生，构成嫖娼吗？

案例解析

依据我国《刑法》第十七条规定：已满十六周岁的人犯罪，应当负刑事责任。十八周岁以下为未成年人，但是已满十六周岁的人犯罪，应当负刑事责任。本案中三人，小明和小虎均为 15 周岁，小雷已经 17 周岁。按照需要承担刑事责任年龄来划分的话，小明和小虎应划分到已满 14 周岁未满 16 周岁这个刑事责任年龄段。小雷应划分到已满 16 周岁的未成年人这一刑事责任年龄段。最后警方对待三人的处理结果是一样的，到底对不对，我们可以参考相关法律进行分析。

首先，嫖娼行为构不成刑事犯罪，只是一般违法行为。依据《中华人民共和国治安管理处罚法》（以下简称《治安管理处罚法》）第二十一条规定，未成年人承担治安处罚责任的年龄界限为：不满十四周岁的人违反治安管理的，不予处罚，但是应当责令其监护人严加管教；已满十四周岁不满十六周岁的人违反治安管理的，满十六周岁不满十八周岁且初次违反治安管理的及十七周岁以上的人违反治安管理的，应当给予行政拘留处罚的，不执行行政拘留处罚。

虽然本案中三人在父母代缴罚款后就回家了，但是在司法实践中并非完全如此。《治安管理处罚法》中对嫖娼行为是有拘留措施的，小雷已满 16 周岁，公安机关是可以对其进行拘留惩戒的。本案中并未对小雷进行拘留是因为我国《治安管理处罚法》中对已满十六周岁不满十八周岁，初次违反治安管理的，可以不执行行政拘留处罚。小明和小虎因为都未满 16 周岁，按照《治安管理处罚法》，可以不执行行政拘留处罚。

　　小明三人的行为是否构成嫖娼？嫖娼，是指二人及二人以上，以金钱、财物为媒介，发生不正当性关系的行为。即非法的性交易，建立于金钱交易上的性关系。本案中，三人并未与卖淫人员有性行为发生，三人在洗澡期间，就被警方发现带到派出所。为了营造文明卫生环境，杜绝犯罪土壤滋生，根据《公安机关对部分违反治安管理行为实施处罚的裁量指导意见》的规定，只要卖淫嫖娼行为已经谈好价格、准备好相应工具（例如安全套、纸）、进入特定场所，即使没有发生直接的性关系也一样被视为卖淫嫖娼行为发生。没有直接性关系的发生，在处罚时会考虑此方面的情节，适当减轻处罚。根据上述规定我们可知，小明等三人的行为确实违反了《治安管理处罚法》中卖淫嫖娼的相关规定。

法条链接

《中华人民共和国治安管理处罚法》第二十一条 违反治安管理行为人有下列情形之一，依照本法应当给予行政拘留处罚的，不执行行政拘留处罚：

（一）已满十四周岁不满十六周岁的；

（二）已满十六周岁不满十八周岁，初次违反治安管理的；

（三）七十周岁以上的；

（四）怀孕或者哺乳自己不满一周岁婴儿的。

第六十六条 卖淫、嫖娼的，处十日以上十五日以下拘留，可以并处五千元以下罚款；情节较轻的，处五日以下拘留或者五百元以下罚款。

在公共场所拉客招嫖的，处五日以下拘留或者五百元以下罚款。

1.4
已满十六周岁的未成年人常见法律问题

1.4.1 十八岁以前就可以有仇报仇、有怨报怨吗?

案例跟踪

　　孙朋(化名)17岁,某高中高三学生,学习成绩中等,曾和同学在校园内起过冲突。孙朋读高二时,有次放学回家,在学校自行车棚推自己的自行车时,不小心撞倒了身边的自行车,当时着急回家,就用一只手去扶,结果扶起来一半又倒下了,这次倒下还碰倒了其他几辆自行车。无奈之下,他只好先把自己的自行车停好,然后一一把倒下的自行车扶起来。在扶起最后一辆自行车的时候,发现该自行车的锁是打开的。因担心这辆没锁的自行车会被其他人骑走,他就在旁边等待,等了十分钟左右,还没人过来,他就把锁挂在车轮上假装锁起来了。正在他操作的时候,车的主人刘威(化名)来到了自行车棚,看到孙朋在鼓捣自己的自行车锁,喊上身边人说抓小偷,几人过去不分青红皂白把孙朋打了一顿。

　　孙朋被打的时候一直解释,奈何打他的人太多,他越解释挨到身上的拳脚越多。学校保卫处来人后，才制止了众人对孙朋的殴打。学校保卫处调取监控视频录像查明，确无偷车行为，孙朋因为受伤严重，在医院住了半个月，出院返校后，找到刘威要求其向自己道歉，当时刘威的班级刚下课，同学们都在班里，刘威不好意思直接道歉，便和孙朋说咱们去操场谈这事。孙朋说必须在班里当着所有人面道歉，这时刘威生气了，说道："先不说打你的人不止我一个，你在我自行车旁边，手里握着我的自行车锁，我的车锁也是打开状态，当时那种情况下怀疑你是正常的，别说当时怀疑，就是现在我也怀疑，再说该给你的赔偿，我家已经给了，我不给你道歉，你还能打我不成。"听到这里，孙朋怒不可遏：好啊，学校都为我证明清白了，你还冤枉我，打了我还羞辱我。孙朋抄起讲台上的黑板擦向刘威扔过去，刘威躲过后，两人就在班内打起来，老师来后才将他们拉开。事后学校组织所有打过孙朋的人，向孙朋道歉。

原本事情就应该结束了，一天放学后，刘威带着他哥哥把孙朋拦下，刘威哥哥照孙朋脸上扇了几巴掌，并警告孙朋以后见他弟弟要恭敬一些。孙朋没哥哥，为了不耽误学习，这事他忍下了。时间离高考越来越近，孙朋的成绩一直没有提升，他认为自己的成绩没有提升全是因为刘威对自己造成的心理影响，眼看自己就要18岁了，高考结束后，还不知道去哪里找刘威报仇。一天放学后，他骑车跟在刘威后面，趁刘威不注意，在后面拿书包向刘威后脑勺挥去，结果刘威摔倒在地上，车把手戳到了刘威的眼睛，后刘威被送到医院治疗，右眼失明，鉴定为八级伤残。

孙朋当时就意识到事情的严重性，赶紧去公安局自首，在录口供的时候，他说，我就想在 18 岁以前有仇报仇、有怨报怨，没想到不满 18 岁就要坐牢了。

 **案例聚焦**

刘威右眼失明的结果，是倒下时被车把手戳到眼睛所致，孙朋本意只是让他出丑，孙朋的行为是同学间打闹，还是故意伤害？

案例解析

从本案中我们可以看到，孙朋和刘威在车棚事件后就一直有矛盾，孙朋在用书包砸刘威之前是有心理活动的，那就是自己还未满 18 岁，即使用书包砸刘威的行为对刘威造成了严重损害，也是有怨报怨、有仇报仇，自己不会坐牢。在这里我们先理解一个概念，什么是故意犯罪？我国《刑法》第十四条规定，明知自己的行为会发生危害社会的结果，并且希望或者放任这种结果发生，因而构成犯罪的，是故意犯罪。结合这个概念可知，孙朋是有犯罪故意的。

我国《刑法》第十七条规定，已满十六周岁的人犯罪，应当负刑事责任。孙朋已经十七岁，刘威右眼失明的结果，和孙朋用书包砸的行为之间存在因果关系，孙朋的行为触犯了故意伤害罪，应当承担相应的刑事责任。

法条链接

《中华人民共和国刑法》第十四条 【故意犯罪】明知自己的行为会发生危害社会的结果，并且希望或者放任这种结果发生，因而构成犯罪的，是故意犯罪。

故意犯罪，应当负刑事责任。

第十七条 【刑事责任年龄】同 1.1.1 法条链接。

第二百三十四条 【故意伤害罪】同 1.1.1 法条链接。

1.4.2 刑事责任年龄划分以身份证出生日期还是实际出生日期为准?

案例跟踪

　　曾某,男,甲县人,初中文化,无业。贺某,男,乙市人,高中文化,无业,曾因犯盗窃罪被判处有期徒刑六个月。2020 年 10 月 19 日,被告人曾某、贺某二人从乙市出发骑摩托车到丙市城区欲实施盗窃,二人在一小区门口发现孙某的大众越野车后,贺某在旁放风,曾某用随身携带的作案工具将车玻璃砸碎并进入车内,从后备厢处的密码箱内盗得五万元现金和一条香烟后逃离现场。曾某分得香烟五包,现金 32900 元,贺某分得香烟五包,现金 17100 元。

　　2020 年 9 月 28 日 21 时许,被告人曾某、贺某伙同陈某、陈某一(另案处理)等人在乙市一网吧将李某亮带至另一地方非法拘禁,曾某拿出一副手铐铐住李某亮的双手,陈某一踹了李某亮右腿一脚,陈某拿陈某一的布鞋对着李某亮头部及身上进行殴打,贺某在一旁使用手机录像。随后曾某、贺某、陈某、陈某一将李某亮带至另一网吧上网,李某亮趁上厕所时向其母亲求助,其母亲随即报警,随后李某亮被出警民警解救。李某亮被非法拘禁约

2 个小时。经法医鉴定：李某亮所受伤为轻微伤。

曾某、贺某被抓后，羁押于丙市看守所。丙市人民检察院认为，犯罪嫌疑人曾某、贺某秘密窃取他人财物，非法限制他人人身自由，其行为触犯了《刑法》第二百六十四条、第二百三十八条之规定，犯罪事实清楚，证据确实充分，应当分别以盗窃、非法拘禁罪追究其刑事责任。依据《中华人民共和国刑事诉讼法》（以下简称《刑事诉讼法》）第一百七十六条之规定，向法院提起公诉。

案例聚焦

犯罪嫌疑人曾某身份证出生日期是 2002 年 9 月 20 日，在实施犯罪行为时，已年满 18 周岁，但其家属称身份证上的 9 月 20 日为曾某的农历出生日期，曾某公历出生日期是 2002 年 10 月 25 日，如果按照公历出生日期，曾某在实施犯罪行为时，尚未满 18 周岁，在这种情况下，法院在审理该案件时，应以哪个为标准去量刑？

案例解析

开庭期间，丙市人民检察院提交了被告人曾某、贺某的户籍信息，公安机关登记的户籍信息显示：被告人曾某于 2002 年 9 月 20 日出生，被告人贺某于 2001 年 1 月 17 日出生。

曾某辩护人提交了曾家的家谱、某市妇幼保健院病历及对其父曾某军的调查笔录，证明了曾某军、陈某连夫妇于 2002 年 10

月 25 日在某市妇幼保健院生育一子，曾某军虽然证明该病历是曾某的母亲生曾某的病历，但仅有曾某军的证言，家谱中的登记日期也没有载明是农历日期，故不能证明被告人曾某的出生日期"2002 年 9 月 20 日"是农历日期。

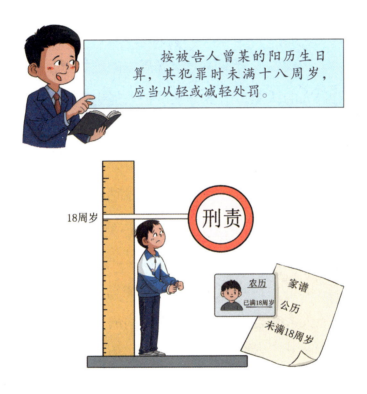

法院审查认为，丙市人民检察院提交的某县派出所出具的户籍证明、某县某村村委会出具的证明及公安局回复函，证明被告人曾某的户籍信息是公安机关登记的信息，不是被告人曾某出生时的原始信息，这些并不能证实被告人曾某在公安机关登记的出

生日期"2020 年 9 月 20 日"不是农历日期。

结合上述情况，依据《最高人民法院关于适用〈中华人民共和国刑事诉讼法〉的解释》第一百四十六条的规定：审查被告人实施被指控的犯罪时或者审判时是否达到相应法定责任年龄，应当根据户籍证明、出生证明文件、学籍卡、人口普查登记、无利害关系人的证言等证据综合判断。证明被告人已满十二周岁、十四周岁、十六周岁、十八周岁或者不满七十五周岁的证据不足的，应当作出有利于被告人的认定。结合曾某辩护人提出的被告人曾某户籍证明上登记的系农历生日，按被告人曾某的阳历生日算其犯罪时未满十八周岁，应当从轻或减轻处罚的辩护意见，从有利于被告人的原则出发，法院认定被告人曾某犯罪时系为未满十八周岁的未成年人，对曾某辩护人的辩护意见予以采纳。

法院审理认为，被告人曾某、贺某以非法占有为目的，窃取他人财物，数额巨大，其行为均已构成盗窃罪；被告人曾某、贺某非法限制他人人身自由，其行为均已构成非法拘禁罪。公诉机关指控被告人曾某、贺某犯盗窃罪、非法拘禁罪的罪名成立，法院依法予以支持。被告人贺某在有期徒刑执行完毕后，五年以内再犯应当判处有期徒刑以上刑罚之罪，系累犯，依法应当从重处罚。经法院审判委员会讨论决定，判决如下：

被告人曾某犯盗窃罪，判处有期徒刑二年七个月，并处罚金人民币一万元；犯非法拘禁罪，判处拘役三个月，数罪并罚，决定执行有期徒刑二年七个月，并处罚金人民币一万元。

被告人贺某犯盗窃罪，判处有期徒刑一年八个月，并处罚金人民币五千元；犯非法拘禁罪，判处拘役四个月，数罪并罚，决定执行有期徒刑一年八个月，并处罚金人民币五千元。

责令被告人曾某、贺某继续共同退赔被害人孙某的剩余经济损失三万一千八百零二元。

法条链接

《中华人民共和国刑事诉讼法》第一百七十六条　人民检察院认为犯罪嫌疑人的犯罪事实已经查清，证据确实、充分，依法应当追究刑事责任的，应当作出起诉决定，按照审判管辖的规定，向人民法院提起公诉，并将案卷材料、证据移送人民法院。

犯罪嫌疑人认罪认罚的，人民检察院应当就主刑、附加刑、是否适用缓刑等提出量刑建议，并随案移送认罪认罚具结书等材料。

《中华人民共和国刑法》第六十五条第一款【一般累犯】被判处有期徒刑以上刑罚的犯罪分子，刑罚执行完毕或者赦免以后，在五年以内再犯应当判处有期徒刑以上刑罚之罪的，是累犯，应当从重处罚，但是过失犯罪和不满十八周岁的人犯罪的除外。

第六十九条【数罪并罚的一般原则】判决宣告以前一人犯数罪的，除判处死刑和无期徒刑的以外，应当在总和刑期以下、数刑中最高刑期以上，酌情决定执行的刑期，但是管制最高不能超过三年，拘役最高不能超过一年，有期徒刑总和刑期不满三十五年的，最高不能超过二十年，总和刑期在三十五年以上的，最高不能超过二十五年。

数罪中有判处有期徒刑和拘役的，执行有期徒刑。数罪中有判处有期徒刑和管制，或者拘役和管制的，有期徒刑、拘役执行完毕后，管制仍须执行。

数罪中有判处附加刑的，附加刑仍须执行，其中附加刑种类相同的，合并执行，种类不同的，分别执行。

第二百三十八条 第一款 【非法拘禁罪】非法拘禁他人或者以其他方法非法剥夺他人人身自由的，处三年以下有期徒刑、拘役、管制或者剥夺政治权利。具有殴打、侮辱情节的，从重处罚。

第二百六十四条 【盗窃罪】同 1.1.2 法条链接。

1.4.3　一人犯数罪，还适用附条件不起诉吗？

2018 年 11 月至 2019 年 3 月，高中生李某（作案时 16 周岁）利用某电商超市 7 天无理由退货规则，多次在某电商超市网购香皂、洗发水、方便面等日用商品，收到商品后上传虚假退货快递单号，骗取某电商超市退回购物款累计 8445.53 元。后李某将此犯罪方法先后传授给同学牛某（作案时 17 周岁）、黄某（作案时 17 周岁）、关某（作案时 16 周岁）、包某（作案时 17 周岁），并

收取 1200 元"传授费用"。得知这一方法的牛某、黄某、关某、包某以此方法各自骗取某电商超市 15598.86 元、8925.19 元、6617.71 元、6206.73 元。到案后，五人均表达了认罪认罚的意愿，并主动退赃，取得了被害方某电商超市的谅解。

案例聚焦

涉案五人虽不是共同犯罪，但犯罪对象和犯罪手段相同，案件之间存在关联，可以对五人依法并案处理吗？对于一人犯数罪符合起诉条件，检察机关可以依法适用附条件不起诉吗？

案例解析

诈骗罪，主要是指以非法占有为目的，用虚构事实或者隐瞒真相的方法，骗取公私财物的行为。本案中李某主观上是出于故意，并且具有非法占有某电商超市财物的目的，通过伪造快递单号实施了欺诈行为，并且这种欺诈行为使得某电商超市陷入错误认识，从而向李某退回购物款，李某先后骗取了 8000 余元，数额较大，构成诈骗罪。另外，李某以收取一定报酬为目的，将上述犯罪方法传授给牛某、黄某、关某、包某，构成了传授犯罪方法罪。

牛某、黄某、关某、包某采用了与李某相同的诈骗手段，且诈骗数额较大，分别构成诈骗罪。

从五人的犯罪手段来看，均是利用某电商超市 7 天无理由退货规则，上传虚假退货快递单号，骗取某电商超市退回购物款；受害对象均为某电商超市。五人虽然没有共同犯罪的故意，且为分别实施的犯罪行为，但犯罪对象和犯罪手段相同，且牛某、黄某、关某、包某的犯罪手段系李某传授，五案具有极强的关联性，并案处理有利于查明案件事实和诉讼进行，可以并案处理。

司法实践中，对犯数罪可否适用附条件不起诉，因缺乏明确的法律规定而很少适用。本案中，李某虽涉嫌诈骗和传授犯罪方法两罪，且犯罪方法系利用网络实施诈骗，但其诈骗、传授危险方法并非针对不特定多数人，系普通犯罪，且主观恶性不大，犯罪情节较轻，事后能主动退赃，取得了被害方某电商超市的谅解，

认罪悔罪态度良好。依据有关量刑指导意见，李某依法应处一年以下有期徒刑，对其适用附条件不起诉制度，有利于顺利进行特殊预防、教育改造，以最大限度促进其改恶向善、回归正途。

法条链接

《中华人民共和国刑法》第二百六十六条 【诈骗罪】诈骗公私财物，数额较大的，处三年以下有期徒刑、拘役或者管制，并处或者单处罚金；数额巨大或者有其他严重情节的，处三年以上十年以下有期徒刑，并处罚金；数额特别巨大或者有其他特别严重情节的，处十年以上有期徒刑或者无期徒刑，并处罚金或者没收财产。本法另有规定的，依照规定。

第二百九十五条 【传授犯罪方法罪】传授犯罪方法的，处五年以下有期徒刑、拘役或者管制；情节严重的，处五年以上十年以下有期徒刑；情节特别严重的，处十年以上有期徒刑或者无期徒刑。

《中华人民共和国刑事诉讼法》第二百七十七条 对犯罪的未成年人实行教育、感化、挽救的方针，坚持教育为主、惩罚为辅的原则。

人民法院、人民检察院和公安机关办理未成年人刑事案件，应当保障未成年人行使其诉讼权利，保障未成年人得到法律帮助，并由熟悉未成年人身心特点的审判人员、检察人员、侦查人员承办。

第二百八十二条 对于未成年人涉嫌刑法分则第四章、第五章、第六章规定的犯罪，可能判处一年有期徒刑以下刑罚，符合起诉条件，但有悔罪表现的，人民检察院可以作出附条件不起诉的决定。人民检察院在作出附条件不起诉的决定以前，应当听取公安机关、被害人的意见。

对附条件不起诉的决定，公安机关要求复议、提请复核或者被害人申诉的，适用本法第一百七十九条、第一百八十条的规定。

未成年犯罪嫌疑人及其法定代理人对人民检察院决定附条件不起诉有异议的，人民检察院应当作出起诉的决定。

《人民检察院刑事诉讼规则》第十八条　人民检察院办理直接受理侦查的案件涉及公安机关管辖的刑事案件，应当将属于公安机关管辖的刑事案件移送公安机关。如果涉嫌的主罪属于公安机关管辖，由公安机关为主侦查，人民检察院予以配合；如果涉嫌的主罪属于人民检察院管辖，由人民检察院为主侦查，公安机关予以配合。

对于一人犯数罪、共同犯罪、共同犯罪的犯罪嫌疑人还实施其他犯罪、多个犯罪嫌疑人实施的犯罪存在关联，并案处理有利于查明案件事实和诉讼进行的，人民检察院可以在职责范围内对相关犯罪案件并案处理。

1.4.4 　未成年人犯罪适用假释有什么条件?

案例跟踪

　　罪犯康某,男,1999 年 9 月 29 日出生。2016 年 12 月 23 日因犯抢劫罪被某市中级人民法院终审判处有期徒刑三年,并处罚金人民币 1000 元,刑期至 2018 年 11 月 13 日。康某因系未成年罪犯,于 2017 年 1 月 20 日被交付到某市未成年犯管教所执行刑罚。2018 年 6 月,当地市未成年犯管教所在办理减刑过程中,认定康某认真遵守监规,接受教育改造,确有悔改表现,拟对其提请减刑。

案例聚焦

　　康某符合法定减刑条件,同时符合法定假释条件。应该适用假释还是适用减刑呢?

案例解析

　　人民检察院办理未成年罪犯减刑、假释监督案件,应当比照成年罪犯依法适当从宽把握假释条件。对既符合法定减刑条件又符合法定假释条件的,可以建议刑罚执行机关优先适用假释。审查未成年罪犯是否符合假释条件时，应当结合犯罪的具体情节、原判刑罚情况、刑罚执行中的表现、家庭帮教能力和条件等因素综合认定。

1. 罪犯既符合法定减刑条件又符合法定假释条件的，可以优先适用假释。减刑、假释都是刑罚变更执行的重要方式，与减刑相比，假释更有利于维护裁判的权威和促进罪犯融入社会、预防罪犯再犯罪。目前，世界其他法治国家多数是实行单一假释制度或者是假释为主、减刑为辅的刑罚变更执行制度。但在我国司法实践中，减刑、假释适用不平衡，罪犯减刑比例一般在百分之二十多，假释比例只有百分之一左右，假释适用率低。人民检察院在办理减刑、假释案件时，应当充分发挥减刑、假释制度的不同价值功能，对既符合法定减刑条件又符合法定假释条件的罪犯，可以建议刑罚执行机关提请人民法院优先适用假释。

2. 对犯罪时未满十八周岁的罪犯适用假释可以依法从宽掌握，综合各种因素判断罪犯是否符合假释条件。人民检察院办理犯罪时未满十八周岁的罪犯假释案件，应当综合罪犯犯罪情节、原判刑罚、服刑表现、身心特点、监管帮教等因素依法从宽掌握。特别是对初犯、偶犯和在校学生等罪犯，假释后其家庭和社区具有帮教能力和条件的，可以建议刑罚执行机关和人民法院依法适用假释。对罪犯"假释后有无再犯罪危险"的审查判断，人民检察院应当根据相关法律和司法解释的规定，结合未成年罪犯犯罪的具体情节、原判刑罚情况，其在刑罚执行中的一贯表现、帮教条件（包括其身体状况、性格特征、被假释后生活来源以及帮教环境等因素）综合考虑。

3. 对犯罪时未满十八周岁的罪犯假释案件，人民检察院可以建议罪犯的父母参加假释庭审。将未成年人罪犯父母到庭制度引入假释案件审理中，有助于更好地调查假释案件相关情况，客观准确地适用法律，保障罪犯的合法权益，督促罪犯假释后社会帮教责任的落实，有利于发挥司法机关、家庭和社会对罪犯改造帮教的合力作用，促进罪犯的权益保护和改造教育，实现办案的政治效果、法律效果和社会效果的有机统一。

4. 人民检察院应当做好罪犯监狱刑罚执行和社区矫正法律监督工作的衔接，继续加强对假释的罪犯社区矫正活动的法律监督。

监狱罪犯被裁定假释实行社区矫正后，检察机关应当按照《中华人民共和国社区矫正法》的有关规定，监督有关部门做好罪犯的交付、接收等工作，并应当做好对社区矫正机构对罪犯社区矫正活动的监督，督促社区矫正机构对罪犯进行法治、道德等方面的教育，组织其参加公益活动，增强其法治观念，提高其道德素质和社会责任感，帮助其融入社会，预防和减少犯罪。

法条链接

《中华人民共和国刑法》第八十一条 【假释的适用条件】被判处有期徒刑的犯罪分子，执行原判刑期二分之一以上，被判处无期徒刑的犯罪分子，实际执行十三年以上，如果认真遵守监规，接受教育改造，确有悔改表现，没有再犯罪的危险的，可以假释。如果有特殊情况，经最高人民法院核准，可以不受上述执行刑期的限制。

对累犯以及因故意杀人、强奸、抢劫、绑架、放火、爆炸、投放危险物质或者有组织的暴力性犯罪被判处十年以上有期徒刑、无期徒刑的犯罪分子，不得假释。

对犯罪分子决定假释时，应当考虑其假释后对所居住社区的影响。

《中华人民共和国刑事诉讼法》第二百七十三条第二款 被判处管制、拘役、有期徒刑或者无期徒刑的罪犯，在执行期间确有悔改或者立功表现，应当依法予以减刑、假释的时候，由执行机关提出建议书，报请人民法院审核裁定，并将建议书副本抄送人民检察院。人民检察院可以向人民法院提出书面意见。

《最高人民法院关于办理减刑、假释案件具体应用法律的规定》第二十六条 对下列罪犯适用假释时可以依法从宽掌握：

（一）过失犯罪的罪犯、中止犯罪的罪犯、被胁迫参加犯罪的罪犯；

（二）因防卫过当或者紧急避险过当而被判处有期徒刑以上刑罚的罪犯；

（三）犯罪时未满十八周岁的罪犯；

（四）基本丧失劳动能力、生活难以自理，假释后生活确有着落的老年罪犯、患严重疾病罪犯或者身体残疾罪犯；

（五）服刑期间改造表现特别突出的罪犯；

（六）具有其他可以从宽假释情形的罪犯。

罪犯既符合法定减刑条件，又符合法定假释条件的，可以优先适用假释。

2

已成年年轻人常见法律问题

　　根据我国相关法律规定，年满18周岁的中华人民共和国公民，被定义为"成年人"。他们虽然不再享受未成年人保护法的庇护，但是可以享有法律赋予成年人的各项权利。然而，18周岁并不是一个人完全成熟的标志，一些初出茅庐的青年心智发育得并不是很成熟。

　　他们虽然已经18周岁，但是有时候却因自身一念之差，踏入了犯罪的门槛。从某种意义上来讲，普法教育有待加强。下面我们通过对一些刚成年的青年犯罪的案例进行分析，找出预防和应对青年犯罪的方法和手段，从而达到对其进行普法和教育的目的。

2.1
在校大学生常见法律问题

2.1.1 携带已关机的手机参加教师资格考试被认为作弊，是否合理？

　　2019 年 11 月 2 日，上大二的罗某参加全国中小学教师资格考试，在考《教育知识与能力》这一科目时，她放置在考试座位上的手机闹铃在关机状态下响起。当地省教育厅认为罗某在考试过程中携带手机的行为应当认定为作弊，成绩作废，被禁考 3 年。罗某不服，将当地省教育厅告上当地铁路运输法院，要求撤销对她的处理决定。她认为自己是无心的过失，携带关机的手机不属于作弊行为。当地铁路运输法院公开该起案件审理情况。法院认为，无论开机与否，罗某的行为均属于考试作弊。

　　罗某不服，上诉。首先，她认为自己携带处于关机状态下的手机进入考场，此时手机不属于"具备发送或者接受信息功能的设备"，事实上她并未利用手机作弊。其次，当地教育厅依据《国家教育考试违规处理办法》第六条第四款的规定，将她携带关机的手机认定为作弊行为，那么也应当适用《国家教育考试违规处理办法》的规定对其进行处罚，而不应该适用效力更高的《中华人民共和国教师资格条例》(以下简称《教师资格条例》)第二十条规定进行处罚。

 案例聚焦

　　罗某进考场后已经把手机关机，并无拿手机搜索试题答案、接收他人发送答案的行为，法院认定为作弊是否合理？

　　案例解析

　　教育部发布了《国家教育考试违规处理办法》，其中第六条第四款规定：考生违背考试公平、公正原则，在考试过程中有"携带具有发送或者接收信息功能的设备的"行为，应当认定为考试作弊。《中小学教师资格考试暂行办法》第三十条规定：对考生违规行为按照《国家教育考试违规处理办法》认定和处理。

手机属于有发送或者接收信息功能的电子设备，无论开机与否。当地教育厅依据《国家教育考试违规处理办法》第六条第四款的规定，认定罗某携带手机参加考试的行为属于考试作弊，并无不当。而且适用国务院发布的《教师资格条例》第二十条规定：参加教师资格考试有作弊行为的，其考试成绩作废，3年内不得再次参加教师资格考试。因此，处理罗某的考试作弊行为适用法规正确。

至于罗某认为应当按照《国家教育考试违规处理办法》的相关规定对其进行处罚，而不是按照《教师资格条例》的意见，法院认为，《教师资格条例》是国务院发布，属行政法规，而《国家教育考试违规处理办法》是教育部发布，属部门规章。根据优先适用法律、法规的原则，当地教育厅依据《教师资格条例》对罗某的作弊行为进行处理并无不当。

该案提醒广大考生，在参加考试前务必认真了解考场规定，严格遵守考场规则，诚信参考，千万不要携带任何考场"违禁物品"。一定要有规则意识，只有遵守法律、敬畏规则、注意细节，才能避免触碰红线、酿成大错，切莫因"疏忽大意"或"一时侥幸"，给自己留下遗憾。

法条链接

《国家教育考试违规处理办法》第六条　考生违背考试公平、公正原则,在考试过程中有下列行为之一的,应当认定为考试作弊:

(一)携带与考试内容相关的材料或者存储有与考试内容相关资料的电子设备参加考试的;

(二)抄袭或者协助他人抄袭试题答案或者与考试内容相关的资料的;

(三)抢夺、窃取他人试卷、答卷或者胁迫他人为自己抄袭提供方便的;

(四)携带具有发送或者接收信息功能的设备的;

(五)由他人冒名代替参加考试的;

(六)故意销毁试卷、答卷或者考试材料的;

(七)在答卷上填写与本人身份不符的姓名、考号等信息的;

(八)传、接物品或者交换试卷、答卷、草稿纸的;

(九)其他以不正当手段获得或者试图获得试题答案、考试成绩的行为。

《中华人民共和国教师资格条例》第二十条　参加教师资格考试有作弊行为的,其考试成绩作废,3年内不得再次参加教师资格考试。

2.1.2　让他人代替自己考试犯法吗?

　　董某系董小某的父亲，2018 年夏天，董某委托张某（已另案处理）、王某（已故）找人代替董小某参加某省 2019 年普通高等学校招生全国统一考试。同年 10 月份，张某找到董某一，让其代替董小某参加某省 2019 年普通高等学校招生全国统一考试。同年 11 月份，董某一跟随张某、王某在某县高级中学采集高考信息并报名，董某一收到 10 000 元好处费。2019 年 6 月 7 日、6 月 8 日，董某一在某县高级中学代替董小某参加该省 2019 年普通高等学校招生全国统一考试。同年 7 月 31 日，董小某被外省某普通高校录取。2021 年 1 月 15 日，董某一经电话传唤到案，到案后如实供述犯罪事实。案件在审理过程中，董某一将违法所得 10 000 元予以退还。

　　县公安局以董某一涉嫌代替考试罪将其移送至县人民检察院审查起诉。公诉机关认为，董小某让他人代替自己参加法律规定的国家考试，其行为触犯了《刑法》第二百八十四条之一第四款的规定，犯罪事实清楚，证据确实、充分，应当以代替考试罪追究其刑事责任。董某一具有自首情节，可依法从轻处罚。

案例聚焦

6 月 7 ~ 8 日是一年一度的全国高考日，莘莘学子经过十几年的寒窗苦读，只为今朝圆梦。众多高考学子凭借自己的真才实学通过高考，步入自己理想的大学殿堂，实现自己的理想。却也有人动起了歪脑筋——找"枪手"代替自己参加高考，企图蒙混过关。代替他人参加国家性的考试，替考者、介绍者都涉嫌犯罪吗？

案例解析

本案是一起典型的代替考试作弊案件。董小某父亲董某委托王某，让其为董小某寻找"枪手"代替董小某参加高考，董某一接受王某的委托，于 2019 年 6 月 7 日、6 月 8 日参加了该省 2019 年的高考，并收取了 10 000 元的好处费。一次替考行为，改写了几个人的命运。

本案中，董某一代替他人参加法律规定的国家考试，董小某让他人代替自己参加法律规定的国家考试。两人在共同犯罪中起主要作用，系主犯。张某实施帮助介绍和联系的行为，系从犯。"代替考试罪"是我国《刑法修正案（九）》新增加的罪名，是指具备刑事责任能力的自然人代替他人或者让他人代替自己参加法律规定的国家考试，破坏国家考试制度，损害其他考生公平竞争权利的行为。代替考试罪的犯罪主体包括应试者、替考者、介绍人。根据共同犯罪理论，董某一、董小某、张某均构成代替考试罪。

　　哪些考试属于"法律规定的国家考试"？依据《最高人民法院、最高人民检察院关于办理组织考试作弊等刑事案件适用法律若干问题的解释》第一条规定，《刑法》第二百八十四条之一规定的"法律规定的国家考试"，仅限于全国人民代表大会及其常务委员会制定的法律所规定的考试。根据有关法律规定，下列考试属于"法律规定的国家考试"：（一）普通高等学校招生考试、研究生招生考试、高等教育自学考试、成人高等学校招生考试等国家教育考试；（二）中央和地方公务员录用考试；（三）国家统一法律职业资格考试、国家教师资格考试、注册会计师全国统一考试、会计专业技术资格考试、资产评估师资格考试、医师资格考试、执业药师职业资格考试、注册建筑师考试、建造师执业资格考试等专业技术资格考试；（四）其他依照法律由中央或者地方主管部门以及行业组织的国家考试。前款规定的考试涉及的特殊类型招生、特殊技能测试、面试等考试，属于"法律规定的国家考试"。

代替考试行为，不仅破坏我国考试管理秩序和制度，而且践踏公平公正的竞争机制，破坏社会环境，败坏社会风气，与社会主义核心价值观要求相背离。这种行为不仅不诚信、不道德，也是一种严重的违法犯罪行为。在此提醒广大考生，不要心存侥幸，以身试法。若要考出好成绩，平时就得多下苦功夫，千万不要走代替考试这个"捷径"。

法条链接

《中华人民共和国刑法》第二十五条第一款 【共同犯罪的概念】共同犯罪是指二人以上共同故意犯罪。

第二十六条第一款 【主犯】组织、领导犯罪集团进行犯罪活动的或者在共同犯罪中起主要作用的，是主犯。

第二十七条第一款 【从犯】在共同犯罪中起次要或者辅助作用的，是从犯。

第二百八十四条之一第四款 【代替考试罪】代替他人或者让

他人代替自己参加第一款规定的考试的，处拘役或者管制，并处或者单处罚金。

《最高人民法院、最高人民检察院关于办理组织考试作弊等刑事案件适用法律若干问题的解释》第一条《刑法》第二百八十四条之一规定的"法律规定的国家考试"，仅限于全国人民代表大会及其常务委员会制定的法律所规定的考试。

根据有关法律规定，下列考试属于"法律规定的国家考试"：

普通高等学校招生考试、研究生招生考试、高等教育自学考试、成人高等学校招生考试等国家教育考试；

中央和地方公务员录用考试；

国家统一法律职业资格考试、国家教师资格考试、注册会计师全国统一考试、会计专业技术资格考试、资产评估师资格考试、医师资格考试、执业药师职业资格考试、注册建筑师考试、建造师执业资格考试等专业技术资格考试；

其他依照法律由中央或者地方主管部门以及行业组织的国家考试。

前款规定的考试涉及的特殊类型招生、特殊技能测试、面试等考试，属于"法律规定的国家考试"。

2.1.3　掏鸟窝违法吗?

　　2014 年 7 月，某省大一学生闫某暑假返回老家。一天，闫某和他的朋友王某准备去河边洗澡时，发现一个鸟窝。二人搬梯子爬上树掏鸟窝，掏得 12 只小鸟（实际是 12 只燕隼，属国家二级保护动物）。后燕隼逃跑 1 只，死亡 1 只。闫某将鸟的照片上传到朋友圈和 QQ 群，有网友与他取得联系，要求购买这些小鸟。闫某和王某以 800 元的价格将 7 只燕隼卖到本省某市，在本县某镇以 150 元的价格卖给贠某某燕隼 1 只。后闫某又独自将燕隼卖到本省他市 2 只，合计 280 元。

　　没过几天，闫某和王某在本县某村一树林内又发现一个鸟窝，掏出了 4 只鸟。闫某刚把这 4 只鸟拿到家，就引来了该市森林公安民警。第二天，二人就被刑事拘留，同年二人被批准逮捕。

　　2014 年，该县检察院向该县法院提起公诉。该县法院三次公开开庭审理了此案。认定他们掏的鸟是燕隼，属于国家二级保护动物。2015 年，该市法院一审判决，以非法收购，猎捕珍贵、濒危野生动物罪判处闫某有期徒刑十年半，以非法猎捕珍贵、濒危野生动物罪判处王某有期徒刑 10 年，并分别处罚金 1 万元和 5000 元。贠某某因犯非法收购珍贵、濒危野生动物罪获刑 1 年，并处罚金 5000 元。后三人对判决不服，遂提起上诉。2015 年，经该市中级人民法院审理后做出裁决，维持了该县人民法院的一审判决。

案例聚焦

该案件在网络上掀起了轩然大波。掏鸟窝到底是否属于违法犯罪的行为？掏个鸟窝就被法院判了十年半的有期徒刑，法院的量刑是否过重呢？

案例解析

闫某猎捕、售卖燕隼时，知道是国家二级保护动物吗？被告闫某上诉时，其辩护人表示：闫某不知猎捕的燕隼为国家二级保护动物。根据该市中级人民法院判决文书，闫某及同伙在公安阶段对其主观上明知的事实曾有过稳定供述，且闫某在百度贴吧发布出售燕隼信息，与购买人贠某某商谈燕隼价格、交易地点及购买人贠某某供述内容等，足以印证闫某是在知道燕隼是国家重点保护的珍贵、濒危野生动物的情况下而非法猎捕、售卖的。

即便知道是国家二级保护动物，不少网友也认为十年半会不会太重了？人生的最好年华就在监狱里度过了。根据《刑法》，情节特别严重的，处十年以上有期徒刑。什么是"情节特别严重"？根据中华人民共和国最高人民法院解释，非法捕猎、杀害、运输、出售珍贵、濒危野生动物刑事案件中，隼类（所有种）10 只以上即构成"情节特别严重"，起刑为 10 年。

根据该县人民检察院指控：2014 年 7 月 14 ~ 28 日，被告人闫某和王某先后在该县某村一树林内非法猎捕燕隼 12 只（国家二级保护动物），后逃跑 1 只，死亡 1 只，出售 10 只。2014 年 7 月 27 日，被告人闫某和同伴在该县某村一树林内非法猎捕隼科动物 4 只，2014 年 7 月 26 日，被告人闫某从该省他市张某手中购买凤头鹰（国家二级保护动物）1 只，2014 年 7 月 28 日，该市森林公安局在被告人闫某家查获燕隼 4 只、凤头鹰 1 只。这也就是说，闫某伙同同伴前后捕猎国家二级保护动物 16 只之多。

本案中，被告人闫某、王某违反野生动物保护法规，二人明知其是国家保护动物，而非法猎捕、出售国家重点保护的珍贵、濒危野生动物，其行为已构成非法猎捕珍贵、濒危野生动物罪。被告人负某某、闫某违反野生动物保护法规，非法收购国家重点保护的珍贵、濒危野生动物，其行为已构成非法收购珍贵、濒危野生动物罪，故做出上述判决。

近年来，人们的法治意识不断增强，但有些人还是愿意以身试法。因此，再次提醒广大青少年，不要因一时的贪念毁掉自身的美好前程。

法条链接

《中华人民共和国刑法》第六十九条第一款【判决宣告前一人犯数罪的并罚】判决宣告以前一人犯数罪的，除判处死刑和无期徒刑的以外，应当在总和刑期以下、数刑中最高刑期以上，酌情决定执行的刑期，但是管制最高不能超过三年，拘役最高不能超过一年，有期徒刑总和刑期不满三十五年的，最高不能超过二十年，总和刑期在三十五年以上的，最高不能超过二十五年。

第三百四十一条第一款【危害珍贵、濒危野生动物罪】非法猎捕、杀害国家重点保护的珍贵、濒危野生动物的，或者非法收购、运输、出售国家重点保护的珍贵、濒危野生动物及其制品的，处五年以下有期徒刑或者拘役，并处罚金；情节严重的，处五年以上十年以下有期徒刑，并处罚金；情节特别严重的，处十年以上有期徒刑，并处罚金或者没收财产。

《最高人民法院、最高人民检察院关于办理破坏野生动物资源刑事案件适用法律若干问题的解释》第四条　刑法第三百四十一条第一款规定的"国家重点保护的珍贵、濒危野生动物"包括：

（一）列入《国家重点保护野生动物名录》的野生动物；

（二）经国务院野生动物保护主管部门核准按照国家重点保护的野生动物管理的野生动物。

2.2
刚踏入社会的年轻人常见法律问题

2.2.1   出售自己的银行卡违法吗?

案例跟踪

陈某,男,汉族,22 岁,因涉嫌帮助信息网络犯罪活动罪,于 2021 年 11 月 30 日被当地市公安局刑事拘留,同年 12 月 13 日经当地市人民检察院批准逮捕,次日被当地市公安局执行逮捕。

2021 年 7 月,陈某明知"邝某"等人利用银行卡帮助他人转移网上非法资金,但他每转账 100 万元就能获得 1000 元的好处费,于是按照"邝某"的指示在其他市的银行网点,分别办理了 3 张银行卡,之后按照"邝某"的指示坐车到指定地点,将上述 3 张银行卡和自己的手机出借给三名陌生男子用于网上转账。

经公安机关查明,陈某上述的 3 张涉案银行卡累计流水达 474 万余元,涉及外地公安机关立案侦查的电信网络诈骗案一起,被害人报案的诈骗资金总额 1 万元。

2021 年 11 月 30 日,陈某主动到当地公安机关投案,到案后如实供述了自己的犯罪事实。

当地市人民检察院以陈某犯帮助信息网络犯罪活动罪向所在地人民法院提起公诉。公诉机关认为，陈某明知他人利用信息网络实施犯罪，仍为其犯罪提供支付结算帮助，情节严重，其行为已触犯《刑法》第二百八十七条之二第一款的规定，应当以帮助信息网络犯罪活动罪追究其刑事责任。鉴于陈某主动投案，并如实供述自己的罪行，是自首，可以从轻或减轻处罚。且陈某认罪认罚，可以从宽处罚。后经当地市人民法院审理，陈某犯帮助信息网络犯罪活动罪，判处有期徒刑七个月，并处罚金人民币两千元。

案例聚焦

　　有些青年刚踏入社会，一心只想着能够快速"致富"，在利益的驱使下，不假思索地就将涉及个人信息的银行卡、身份证、电话卡等进行租借、出售。看似简单的租借、出售，可能会被对方利用从事非法的活动，也会触犯法律。

案例解析

　　我们在生活当中经常使用身份证、手机卡、银行卡，那么租借或出售自己银行卡的行为在法律上是否违法呢？

　　出售银行卡，很容易被不法分子利用，从而可能成为某些不法分子"洗钱"的工具。我国《银行卡业务管理办法》第二十八条、《刑法》第二百八十七条之二对不得出租和转借银行卡或账户、为他人提供支付结算的行为有明确的规定。实践当中，此类行为是按照帮助信息网络犯罪活动罪进行处理的。帮助信息网络犯罪活动罪是指明知他人利用信息网络实施犯罪（电信诈骗）还为其提供帮助的犯罪。将自己的手机卡、银行卡、对公账户及结算卡以及微信、支付宝等第三方支付平台账户出租、出借、出售或帮犯罪分子收钱，都可能构成"帮助信息网络犯罪活动罪"。

　　本案中，陈某明知他人利用信息网络实施犯罪，仍为其犯罪提供支付结算的帮助，情节严重，其行为已触犯《刑法》第二百八十七条之二第一款的规定，构成了帮助信息网络犯罪活动罪。陈某主动投案并如实供述自己的犯罪事实，具有自首情节，依法可以从轻或减轻处罚。陈某自愿认罪认罚，依法可以从宽处理。市人民法院遂依法作出上述判决。

时刻谨记天上不会掉馅饼，不要有一夜暴富的心理，摒弃赚"快钱"的想法。租借、出售自己的身份证、银行卡、电话卡等都属于违法的行为。一定要时刻保持警惕，切勿轻信他人，别让自己无限美好的人生沦为犯罪分子的"工具"。

法条链接

《银行卡业务管理办法》第二十八条　个人申领银行卡（储值卡除外），应当向发卡银行提供公安部门规定的本人有效身份证件，经发卡银行审查合格后，为其开立记名账户；

凡在中国境内金融机构开立基本存款账户的单位，应当凭中国人民银行核发的开户许可证申领单位卡；

银行卡及其账户只限经发卡银行批准的持卡人本人使用，不得出租和转借。

《中华人民共和国刑法》第六十七条　【自首】犯罪以后自动投案，如实供述自己的罪行的，是自首。对于自首的犯罪分子，可以从轻或者减轻处罚。其中，犯罪较轻的，可以免除处罚。

被采取强制措施的犯罪嫌疑人、被告人和正在服刑的罪犯，如实供述司法机关还未掌握的本人其他罪行的，以自首论。

犯罪嫌疑人虽不具有前两款规定的自首情节，但是如实供述自己罪行的，可以从轻处罚；因其如实供述自己罪行，避免特别严重后果发生的，可以减轻处罚。

第二百八十七条之二第一款 【帮助信息网络犯罪活动罪】明知他人利用信息网络实施犯罪，为其犯罪提供互联网接入、服务器托管、网络存储、通讯传输等技术支持，或者提供广告推广、支付结算等帮助，情节严重的，处三年以下有期徒刑或者拘役，并处或者单处罚金。

《中华人民共和国刑事诉讼法》第十五条 犯罪嫌疑人、被告人自愿如实供述自己的罪行，承认指控的犯罪事实，愿意接受处罚的，可以依法从宽处理。

2.2.2 抢劫致人死亡该如何定罪处罚？

案例跟踪

被告人赵某，男，1992 年 4 月出生，无业。同案被告人武某（已判刑）与相识的被害人孙某（女，殁年 19 岁）均在某地一出租屋租房居住。2012 年 10 月初，赵某提议抢劫孙某驾驶的中华牌轿车，武某同意，二人为此购买了作案工具折叠刀。当月 28 日 1 时许，赵某、武某在孙某出租房外守候，当孙某驾驶中华牌轿车返回出租屋时，二人尾随进入孙某住处，赵某捂住孙某口鼻，用折叠刀割孙某颈部一刀，后将孙某推倒在床，武某摁住孙某腿部，赵某持折叠刀捅刺孙某的头部、右肋部数刀，接着又用被子捂压孙某头部和上身，孙某因失血性休克并机械性窒息死亡。二人劫得孙某的红色中华牌轿车一辆（价值 79 200 元）、白色 iPhone4 手机一部（价值 3 132 元）及现金 800 元后，逃离现场，后将所抢轿车开至另一地市，以 6 000 元的价格卖给同案被告人郭某（已判刑），将所抢手机以 1 800 元的价格卖给涂某某，赵某与武某均分了赃款。

案例聚焦

在人生中最美好的时光，有些青年却因一时贪念，不惜以牺牲他人的生命为代价，通过"抢劫"他人财物获取一己之利，最终身陷囹圄，美好的人生被葬送。那么，抢劫致人死亡该如何进行定罪处罚呢？

案例解析

抢劫是我国刑法严厉打击的犯罪之一，因为抢劫不仅仅涉及侵犯他人财物的问题，还会涉及以暴力威胁他人人身安全的问题，手段残忍，不仅给被害人的财产带来损失，而且也造成了严重的人身伤害。本案中，赵某伙同武某抢劫孙某，在抢劫过程中，赵某、武某二人通过残忍的手段将孙某杀害。赵某与武某在抢劫中故意致人死亡的行为该如何进行定性呢？

首先，赵某与武某是有组织、有预谋的共同犯罪。所谓共同犯罪是指二人以上共同的故意犯罪。明知自己的行为会发生危害社会的结果，仍然希望或者放任这种结果发生，因而构成犯罪的，是故意犯罪。其次，我国《刑法》第二百六十三条规定的抢劫罪，是指以非法占有为目的，以暴力、胁迫或者其他方法，强行劫取或者迫使他人当场交出公私财物的行为。该条明确规定了抢劫罪的量刑标准，对于一般的抢劫行为处三年以上十年以下有期徒刑，并处罚金；但有下列情形之一的，处十年以上有期徒刑、无期徒刑或者死刑，并处罚金或者没收财产：（一）入户抢劫的；（二）在公共交通工具上抢劫的；（三）抢劫银行或者其他金融机构的；（四）多次抢劫或者抢劫数额巨大的；（五）抢劫致人重伤、死亡的；（六）冒充军警人员抢劫的；（七）持枪抢劫的；（八）抢劫军用物资或者抢险、救灾、救济物资的。本案中，赵某和武某为了达到抢劫孙某的财物的目的而故意杀害孙某，实质上是为了达到抢劫的目的，其根本目的并不是杀人，而是要抢劫财物，符合我国《刑法》第二百六十三条第（一）、第（五）项的规定，属于抢劫罪加重处罚的情节，应以抢劫罪定罪处罚。

该案后经当地市中级人民法院审理，认定被告人赵某犯抢劫罪，判处死刑，剥夺政治权利终身，并处没收个人全部财产。宣判后，赵某不服，提出上诉。经当地省高级人民法院依法开庭审理后作出裁定，驳回上诉，维持原判。后报请最高人民法院核准，最高人民法院依法组成合议庭，对本案进行了复核，并依法讯问了被告人赵某。最高人民法院认为，被告人赵某以非法占有为目的，结伙采用暴力手段劫取他人财物的行为已构成抢劫罪，具有入户抢劫、抢劫数额巨大和致一人死亡的情节，犯罪性质恶劣，手段残忍，后果严重，社会危害性极大。赵某系共同犯罪中地位、作用突出的主犯和致人死亡的主凶，罪行极其严重，应依法惩处。第一审判决、第二审裁定认定的事实清楚，证据确实、充分，定罪准确，量刑适当。审判程序合法。最终作出核准当地省高级人民法院维持第一审对被告人赵某以抢劫罪判处死刑，剥夺政治权利终身，并处没收个人全部财产的刑事裁定。

　　赵某和武某本应在最美的岁月年华中，通过自己勤劳的双手创造属于自己美好的生活，但因为一念之差断送了他们自己的人

生。君子爱财，取之有道，要用自己的劳动合法获取，不要心存侥幸而触犯法律，避免像该案被告人赵某一样，被剥夺生命，悔之晚矣。

法条链接

《中华人民共和国刑法》第二十五条第一款 【共同犯罪的概念】同 2.1.2 法条链接。

第二十六条第一款 【主犯】同 2.1.2 法条链接。

第二百六十三条 【抢劫罪】同 1.3.5 法条链接。

3

青少年权利保护案例解析

　　青少年处于少年期和青年初期的阶段，从生理上来看，其神经系统处于不稳定状态，新事物的出现和适龄期事件的发生，使他们的世界观陷入打破又重建的循环。在这个过程中，各感官的冲击导致他们情绪波动大，做事缺乏理性思考，意气用事的结果往往会造成对他人权益的侵害。从心理上来看，青少年时期在社会关系相对简单的校园内度过，文明友爱、和谐互助的教育理念深入人心，青少年遇到犯罪分子对其实施侵害时，认知差异导致其临场应变能力弱，犯罪分子对青少年实施教唆犯罪时，通过许以小利、转移犯罪行为焦点进行劝说，青少年在懵懂无知中，就实施了犯罪行为。因此，青少年受外界环境的影响较大，其生理和心理方面尚未成熟，通常对于诱发犯罪的人和事物没有正确的判断，从而导致自身或他人权益被侵害而不自知。

　　青少年特别是未成年人，作为弱势群体，是罪犯侵害的常见对象之一。作为新生的一代，青少年群体的成长关乎祖国的未来和民族的发展，创造有利于青少年健康成长的外部环境，是一个国家经济社会持续发展的重要保证。青少年权利被侵害问题关系到国家的兴衰，必须要引起重视。

3.1
未成年人权利保护案例

3.1.1　网吧接纳未成年人，违法吗？

2019 年 11 月，某市人民检察院在办理未成年人孟某某盗窃案中发现，该市辖区内多家网吧违规接纳未成年人上网，部分未成年人甚至通宵在网吧上网。未成年人在网吧遭受侵害自身权益的事件时，通常会有两种应对措施，一是接受其能承受的侵害，给自己身心发展带来不利影响；二是感性应对，面对侵害选择武力反抗，以暴制暴，造成更严重的社会危害事件发生，甚至导致刑事犯罪。

未成年人出入网吧影响身心健康，易沾染不良习气，甚至滋生违法犯罪问题。结合以上情况，根据《未成年人保护法》、国务院《互联网上网服务营业场所管理条例》相关规定，该市文体广电和旅游局负责对依法设立的互联网上网服务营业场所的经营活动进行监督管理。

2020 年 3 月 2 日，该市人民检察院向市文旅局发出行政公益诉讼诉前检察建议：一是结合实际情况，处罚涉案网吧；二是联合相关部门，推动专项执法；三是发挥社会力量，加强监督宣传；四是加强监督管理，规范网吧经营；五是完善制度，建立长效机制。收到检察院建议后，市文旅局对涉案网吧分别给予警告并罚款3000元的行政处罚，对相关责任人进行约谈。市文旅局、市公安局运用信息技术，联合推出双重严防系统，在全市所有网吧内强制上线运行，将网吧经营管理后台数据接入公安机关，实现对网吧运行数据的有效监控，确保从源头上杜绝网吧违规接纳未成年人现象。其后，检察机关将办案中发现的放任未成年人进入营业性娱乐场所、酒吧、网吧的名录告知未成年人父母或其他监护人，

向中华全国妇女联合会（以下简称妇联）、中国关心下一代工作委员会（以下简称关工委）等通报，推动妇联、关工委发挥自身优势，动员社会力量，开展家庭教育指导。积极协同相关职能部门，借助司法社工、"五老"、社区网格员、志愿者等多方资源力量，推动构建常态化监管网络体系，有效防止网吧违规接纳未成年人进入的问题复发和反弹。

案例聚焦

部分网吧存在接纳未成年人上网的现象，这一现象中，存在哪些法律问题呢？

案例解析

青少年正处于求知欲旺盛的时期，对各种新生事物有着很强的好奇心。营业性娱乐场所、酒吧、网吧等不适宜未成年人活动场所违规接纳未成年人，易对未成年人身心健康造成不良影响甚至诱发违法犯罪。上述违规行为发现难、监管难、易反弹。家长应该是第一道管理防线，家长要履行自己的监护责任，严防未成年人进出上述场所；营业性娱乐场所、酒吧、网吧等场所经营者，要遵章守法，接纳未成年人进入上述场所系违法行为，将受到警告、罚款甚至吊销营业执照的严厉制裁；市场监督管理、公安等部门要切实履行监管职责，严格执法，规范营业性娱乐场所、酒吧、网吧等场所经营，确保从源头上杜绝违规接纳未成年人现象；

检察机关发现行政机关未依法充分履行监管执法职责的，可以通过行政公益诉讼，支持和督促行政机关依法履职，及时查处违规接纳未成年人的行为，避免出现侵犯未成年人合法权益和诱发未成年人违法犯罪等现象。同时，多地颁布实施了网吧接纳未成年人举报奖励办法，社会大众也可共同参与到保护未成年权益的大格局、大体系中，以更强的综合保护合力，促进未成年人保护法律规定不折不扣地落到实处。

法条链接

《中华人民共和国未成年人保护法》第五十八条　学校、幼儿园周边不得设置营业性娱乐场所、酒吧、互联网上网服务营业场所等不适宜未成年人活动的场所。营业性歌舞娱乐场所、酒吧、互联网上网服务营业场所等不适宜未成年人活动场所的经营者，不得允许未成年人进入；游艺娱乐场所设置的电子游戏设备，除国家法定节假日外，不得向未成年人提供。经营者应当在显著位置设置未成年人禁入、限入标志；对难以判明是否是未成年人的，应当要求其出示身份证件。

第一百零六条　未成年人合法权益受到侵犯，相关组织和个人未代为提起诉讼的，人民检察院可以督促、支持其提起诉讼；涉及公共利益的，人民检察院有权提起公益诉讼。

第一百二十三条　相关经营者违反本法第五十八条、第五十九条第一款、第六十条规定的，由文化和旅游、市场监督管理、烟草专卖、公安等部门按照职责分工责令限期改正，给予警告，没收违法所得，可以并处五万元以下罚款；拒不改正或者情节严重的，责令停业整顿或者吊销营业执照、吊销相关许可证，可以并处五万元以上五十万元以下罚款。

《中华人民共和国行政诉讼法》（2017 年修订）第二十五条第一款 行政行为的相对人以及其他与行政行为有利害关系的公民、法人或者其他组织，有权提起诉讼。

第四款 人民检察院在履行职责中发现生态环境和资源保护、食品药品安全、国有财产保护、国有土地使用权出让等领域负有监督管理职责的行政机关违法行使职权或者不作为，致使国家利益或者社会公共利益受到侵害的，应当向行政机关提出检察建议，督促其依法履行职责。行政机关不依法履行职责的，人民检察院依法向人民法院提起诉讼。

《互联网上网服务营业场所管理条例》（2019 年修订）第二十一条 互联网上网服务营业场所经营单位不得接纳未成年人进入营业场所。

互联网上网服务营业场所经营单位应当在营业场所入口处的显著位置悬挂未成年人禁入标志。

第三十一条 互联网上网服务营业场所经营单位违反本条例的规定，有下列行为之一的，由文化行政部门给予警告，可以并处 15 000 元以下的罚款；情节严重的，责令停业整顿，直至吊销《网络文化经营许可证》：

（一）在规定的营业时间以外营业的；

（二）接纳未成年人进入营业场所的；

（三）经营非网络游戏的；

（四）擅自停止实施经营管理技术措施的；

（五）未悬挂《网络文化经营许可证》或者未成年人禁入标志的。

3.1.2　遇到网络色狼怎么办？

2017年1月，被告人骆某使用化名，通过 QQ 软件将 13 岁女童小羽加为好友。聊天中得知小羽系初二学生后，骆某仍通过言语恐吓，向其索要裸照。在小羽拒绝并在 QQ 好友中将其删除后，骆某又通过小羽的校友周某对其施加压力，再次将小羽加为好友。同时骆某还虚构"李某"的身份，注册另一 QQ 号并添加小羽为好友。之后，骆某利用"李某"的身份在 QQ 聊天中对小羽进行威胁恐吓，同时利用周某继续施压。小羽被迫按照骆某要求自拍裸照 10 张，通过 QQ 软件传送给骆某观看。后骆某又以在网络上公布小羽裸照相威胁，要求与其见面并在宾馆开房，企图实施猥亵行为。因小羽向公安机关报案，骆某在依约前往宾馆途中被抓获。

 **案例聚焦**

对于青少年来说，该如何在网络上交友聊天？遇到网络色狼又该如何处理呢？

案例解析

随着互联网的不断深入发展，新兴网络社交工具成为人们沟通交流的重要方式。网络交友由于自身的便捷性，越来越受到青少年的青睐，但由于青少年身心发展还不成熟，很容易在交友聊天中受到不法分子的侵害。本案中，骆某通过 QQ 聊天交友软件，假借与小羽交朋友的名义试图达到犯罪目的。

在双方聊天过程中，骆某在明知小羽属于不满 14 周岁的未成年的情况，不但没有及时地收手，反而继续以言语恐吓、施加压力等方式要求小羽拍摄裸照，小羽迫于骆某的威胁以及周某的压力，按照骆某要求自拍裸照 10 张，通过 QQ 软件传送给骆某。骆某实施的上述行为是否构成猥亵儿童罪呢？

我国《刑法》规定的猥亵儿童罪是指以刺激或满足实施者性欲为目的，用性交以外的方法对孩童（包括男孩和女孩）实施的淫秽行为。本案中，骆某为满足性刺激，通过网络对不满14周岁的小羽进行威胁恐吓，强迫小羽按照要求的动作、姿势拍摄裸照供其观看，并以公布裸照相威胁欲进一步实施猥亵。虽然该行为并未直接接触被害人小羽，但实质上已使小羽人格尊严和心理健康受到严重侵害。我国《刑法》虽有对猥亵儿童的具体方式作出列举，但需要根据实际情况进行判断和认定。在实践中，只要行为人主观上以满足性刺激为目的，客观上实施了猥亵儿童的行为，侵害了特定儿童人格尊严和身心健康的，应当认定构成猥亵儿童罪。骆某利用公开裸照威胁小羽，要求与其见面并在宾馆开房，意欲实施猥亵行为，因小羽报案，该猥亵行为未能实施，但其已获得小羽裸照并进行了观看，其犯罪事实清楚，证据确实、充分，属于既遂，应当以猥亵儿童罪对其定罪处罚。

在此提醒广大青少年，聊天交友并不是坏事，但是虚拟网络鱼龙混杂，我们应当合理使用网络社交工具，不要沉迷其中。应当时刻保持谨慎，才能防止落入不怀好意的人的圈套。在遇到不法分子实施犯罪行为时，一定要主动地告知家长，学会向公安机关寻求帮助，及时采取补救措施，以免遭到不法分子的侵害。

法条链接

《中华人民共和国刑法》第二百三十七条第三款 【猥亵儿童

罪】猥亵儿童的，处五年以下有期徒刑；有下列情形之一的，处五年以上有期徒刑：

（一）猥亵儿童多人或者多次的；

（二）聚众猥亵儿童的，或者在公共场所当众猥亵儿童，情节恶劣的；

（三）造成儿童伤害或者其他严重后果的；

（四）猥亵手段恶劣或者有其他恶劣情节的。

最高人民法院、最高人民检察院、公安部、司法部关于印发《关于办理性侵害未成年人刑事案件的意见》的通知第十七条　知道或者应当知道对方是不满十四周岁的幼女，而实施奸淫等性侵害行为的，应当认定行为人"明知"对方是幼女。

对不满十二周岁的被害人实施奸淫等性侵害行为的，应当认定行为人"明知"对方是幼女。

对已满十二周岁不满十四周岁的被害人，从其身体发育状况、言谈举止、衣着特征、生活作息规律等观察可能是幼女，而实施奸淫等性侵害行为的，应当认定行为人"明知"对方是幼女。

3.1.3　App 可以允许儿童注册并收集其信息吗？

案例跟踪

某 App 是一软件公司开发运营的一款知名短视频应用类软

件。该 App 在未以显著、清晰的方式告知并征得儿童监护人明示同意的情况下，允许儿童注册账号，并收集、存储儿童网络账户、位置、联系方式，以及儿童面部识别特征、声音识别特征等个人敏感信息。在未再次征得儿童监护人明示同意的情况下，运用后台算法，向具有浏览儿童内容视频喜好的用户直接推送含有儿童个人信息的短视频。该 App 未对儿童账号采取区分管理措施，默认用户点击"关注"后即可与儿童账号私信联系，并能获取其地理位置、面部特征等个人信息。2018 年 1 月至 2019 年 5 月，徐某某收到该 App 后台推送的含有儿童个人信息的短视频，通过私信功能联系多名儿童，并对其中 3 名儿童实施猥亵犯罪。

该软件公司数据显示，2020 年，平台 14 岁以下实名注册用户数量约为 7.8 万，14 至 18 岁实名注册用户数量约为 62 万，18 岁以下未实名注册未成年人用户数量以头像、简介、背景等基础维度模型测算约为 1 000 余万。该 App 的行为致使众多儿童个人信息权益被侵犯，相关信息面临被泄露、违法使用的风险，给儿童人身、财产安全造成威胁，严重损害了社会公共利益。

案例聚焦

网络实践中，涉及儿童个人信息的产业发展很快，特别是网络课程、儿童应用、远程教学等技术应用的兴起，一再降低孩子"触网"年龄段。同时，在网络社会其实和现实社会是一样的，儿童缺乏判断鉴别能力，在网络社会上更有可能受到网络危害的袭击。针对孩子的电信诈骗、不良信息推荐等违法行为也日益增多，客观上需要加强对未成年人网络权益的全面保护。其中，儿童的个人信息保护是网络权益的基础，也是大数据精准营销、数据合理使用、防沉迷系统、家长监护体系、网络实名制的核心。那么，我们该如何保护孩子的个人信息呢？

公民的个人信息安全受到法律的保护，儿童作为特殊群体，其个人信息更要受到严格保护。在互联网时代，网络运营商拥有更大的信息优势和控制能力，也应承担起相应的社会责任。网络运营商应增强对儿童个人信息保护的主动性，除了不得直接侵害儿童个人信息之外，还不能容许其他网络使用者侵害儿童个人信息。前者要求网络运营商遵守儿童个人信息处理规则和儿童隐私保护政策，在获得、处理信息时要取得监护人的明确同意；后者要求网络运营商配合有关部门实施监督，及时发现并阻却侵害儿童个人信息的违法行为。因此，网络运营商要加强学习相关法律细则，强化行业自律，在此基础上合法合规经营。

由于儿童自我保护的意识和能力不足，需要多方主体的共同协助来担此重任，尤其需要学校、监护人在日常学习和生活中进行把关。在此之前，学校和监护人要培养未成年人的个人信息保护意识，同时自身也要尊重未成年人的个人信息，不要轻易在社交平台公布未成年人的住址、行程、肖像等；要注意未成年人的用网安全，可以通过安装未成年人网络保护软件、选择适合未成年人的服务模式等方式来增强技术保护屏障，在未得知儿童个人信息使用的目的、方法、范围之前，应拒绝提供相关信息。

儿童应知应会的网络安全小诗歌：

网络用好是个宝，查找资料不用跑。

天下大事早知道，学习知识不可少。

要善于网上学习，不浏览不良信息。

要诚实友好交流，不侮辱欺诈他人。

要增强自护意识，不随意约会网友。

要维护网络安全，不破坏网络秩序。

要有益身心健康，不沉溺虚拟时空。

法条链接

《中华人民共和国民法典》第一千零三十四条【个人信息保护】自然人的个人信息受法律保护。

个人信息是以电子或者其他方式记录的能够单独或者与其他信息结合识别特定自然人的各种信息，包括自然人的姓名、出生日期、身份证件号码、生物识别信息、住址、电话号码、电子邮箱、健康信息、行踪信息等。

个人信息中的私密信息，适用有关隐私权的规定；没有规定的，适用有关个人信息保护的规定。

第一千零三十五条【个人信息处理的原则】处理个人信息的，应当遵循合法、正当、必要原则，不得过度处理，并符合下列条件：

（一）征得该自然人或者其监护人同意，但是法律、行政法规另有规定的除外；

（二）公开处理信息的规则；

（三）明示处理信息的目的、方式和范围；

（四）不违反法律、行政法规的规定和双方的约定。

个人信息的处理包括个人信息的收集、存储、使用、加工、传输、提供、公开等。

《中华人民共和国网络安全法》第十三条　国家支持研究开发有利于未成年人健康成长的网络产品和服务，依法惩治利用网络从事危害未成年人身心健康的活动，为未成年人提供安全、健康的网络环境。

《儿童个人信息网络保护规定》第十一条　网络运营者不得收集与其提供的服务无关的儿童个人信息，不得违反法律、行政法规的规定和双方的约定收集儿童个人信息。

第十四条　网络运营者使用儿童个人信息，不得违反法律、行政法规的规定和双方约定的目的、范围。因业务需要，确需超出约定的目的、范围使用的，应当再次征得儿童监护人的同意。

3.1.4　法律没有禁止给未成年人文身，就可以为未成年人文身吗？

2017年6月以来，章某在某地经营一文身馆，累计为数百人提供过文身服务，其中包括未成年人40余名。章某还在未取得医疗美容许可证的情况下，为7名未成年人清除过文身。其间，曾有未成年人家长因反对章某为其子女文身而与其发生纠纷，公安机关介入处理。部分未成年人及父母反映因其文身导致就学、就业受阻。明知文身难以清除，清除过程痛苦且易留疤痕，章某却仍然向未成年人提供文身服务。

2020 年 10 月 31 日，该县人民检察院向县卫生健康局发出行政公益诉讼诉前检察建议，建议该局依法履行对无证清除文身行为的监管职责；2020 年 12 月 25 日，该县人民检察院发布诉前公告，公告期满，没有适格主体提起民事公益诉讼；2021 年 4 月 12 日，该县人民检察院依据民事公益诉讼级别管辖的规定，将案件移送上一级市人民检察院审查起诉。2021 年 5 月 6 日，市人民检察院向该市中级人民法院提起民事公益诉讼，请求判令：章某不得向未成年人提供文身服务，并在国家级媒体向社会公众公开赔礼道歉。

2021 年 5 月 24 日，该市中级人民法院公开开庭审理本案。被告及其诉讼代理人提出，法律没有禁止给未成年人文身，现行法律没有明确界定公共利益，章某的行为未达到涉及全体或多数未成年人利益的程度，不应认定为侵犯社会公共利益。公益诉讼起诉人提出答辩意见：第一，向未成年人提供文身服务损害社会公共利益；第二，文身破坏皮肤组织健康且极难清除，清除文身需要多次治疗，并会留下疤痕；第三，未成年人心智尚不成熟，缺乏社会经验，对自身行为的甄别能力不足，对行为后果缺乏理性判断，很多未成年人对自己的文身行为表示后悔。

2021 年 6 月 1 日，该市中级人民法院作出一审判决，判令章某停止向未成年人提供文身服务，并在判决生效之日起十日内在国家级媒体公开向社会公众书面赔礼道歉。2021 年 6 月 3 日，章某在《中国青年报》发表《公开道歉书》，向文身的未成年人、家人以及社会各界公开赔礼道歉，并表示今后不再为未成年人文身。

 案例聚焦

　　法律没有禁止给未成年人文身，为未成年人文身是否就不能被认定为违法行为？为一定范围内的未成年人文身是否构成侵害公共利益？检察院提起未成年人权益保护公益诉讼主体是否适格？

 案例解析

　　未成年人文身具有易感染、难复原、就业受限制、易被标签化等危害。章某为未成年人提供文身服务，危害未成年人的身体权、健康权，影响其发展。虽然现行相关规定对文身行业的归类管理不尽完善，对为未成年人文身也没有明确的禁止性规定，但是依

据《未成年人保护法》，应当坚持最有利于未成年人的原则，以及法律对未成年人给予特殊、优先保护的规定，禁止文身场所经营者向未成年人提供文身服务，切实保护未成年人身心健康。

为未成年人提供文身服务，侵犯未成年人合法权益，损害社会公共利益，属于检察机关公益诉讼监督范畴。公共利益是相对于一个非开放的圈子内的少数人而言的，即客体对圈子内的大多数人的主客观统一的意义（价值）。圈子的规模大到整个国家、社会，小到某一个集体。我国现行法律没有明确界定公共利益的范围，但《宪法》《民法典》等多个法律规定了对公共利益的保护。章某不对文身对象进行筛选，对未成年人文身行为予以放任，且文身经营活动具有开放性特征，导致其提供文身服务的未成年人数量众多。文身行为可能在未成年人中随时、随机出现，未成年人身心尚未成熟，认知和辨别能力较弱，自护能力不足，对文身给自身成长和未来发展带来的影响缺乏预见和判断。为未成年人提供文身服务，侵犯未成年人合法权益，且侵犯行为具有持续性和反复性，侵犯结果和范围可能随时扩大，应当认定为侵犯社会公共利益。

在法律规定不够明确具体、未成年人合法权益亟待保护的情况下，基于最有利于未成年人的原则，检察机关可以提起公益诉讼。《未成年人保护法》确立的最有利于未成年人的原则，是联合国《儿童权利公约》确定的儿童利益最大化原则的中国化表达。检察机关在处理关乎未成年人的问题时，要全方位考虑未成年人的长远利益和根本利益。在涉及未成年人利益的案件中，当法律规定不够明确具体，各部门、各方责任难以界定，但未成年人的权益受到严重侵犯或面临侵犯危险、公益亟须保护时，检察机关可立足最有利于未成年人的原则，通过公益诉讼方式维护未成年人合法权益。《民事诉讼法》《未成年人保护法》也赋予了检察机关提起公益诉讼的权利与职责。

法条链接

《中华人民共和国未成年人保护法》第三条　国家保障未成年人的生存权、发展权、受保护权、参与权等权利。

未成年人依法平等地享有各项权利，不因本人及其父母或者其他监护人的民族、种族、性别、户籍、职业、宗教信仰、教育程度、家庭状况、身心健康状况等受到歧视。

第四条　保护未成年人，应当坚持最有利于未成年人的原则。处理涉及未成年人事项，应当符合下列要求：

（一）给予未成年人特殊、优先保护；

（二）尊重未成年人人格尊严；

（三）保护未成年人隐私权和个人信息；

（四）适应未成年人身心健康发展的规律和特点；

（五）听取未成年人的意见；

（六）保护与教育相结合。

第一百零六条　同 3.1.1 法条链接。

《中华人民共和国民事诉讼法》第五十八条 对污染环境、侵害众多消费者合法权益等损害社会公共利益的行为，法律规定的机关和有关组织可以向人民法院提起诉讼。

人民检察院在履行职责中发现破坏生态环境和资源保护、食品药品安全领域侵害众多消费者合法权益等损害社会公共利益的行为，在没有前款规定的机关和组织或者前款规定的机关和组织不提起诉讼的情况下，可以向人民法院提起诉讼。前款规定的机关或者组织提起诉讼的，人民检察院可以支持起诉。

3.1.5 面对家庭暴力应该怎么保护自己？

案例跟踪

被告人于某，女，1986年5月出生，无业。2016年9月以来，被害人小田（女，11岁）因父母离婚，父亲丁某常年在外地工作，一直与继母于某共同生活。于某以小田学习及生活习惯有问题为由，长期、多次对其实施殴打。2017年11月21日，于某又因小田咬手指甲等问题，用衣服撑子、挠痒工具等对其实施殴打，致小田离家出走。小田被爷爷找回后，经鉴定，其头部、四肢等多处软组织挫伤，身体损伤程度达到轻微伤等级。

案例聚焦

近些年来，未成年人家庭暴力案件层出不穷。未成年人在遭受家暴后又不敢声张，这就造成家庭暴力案件频发。那么，未成年人遇到家暴时正确的做法是什么，该如何拒绝家暴呢？

案例解析

网络披露 11 岁女童小田被继母虐待的信息，引起舆论关注。某市某区人民检察院未成年人检察部门的检察人员得知信息后，会同公安机关和心理咨询机构的人员对被害人小田进行询问和心理疏导。通过调查发现，其继母于某存在长期、多次殴打小田的行为，涉嫌虐待罪。因被害人小田系未成年人，没有向人民法院告诉的能力，也没有近亲属代为告诉。检察机关建议公安机关对于某以涉嫌虐待罪立案侦查。11 月 24 日，公安机关作出立案决定。次日，犯罪嫌疑人于某投案自首。2018 年 4 月 26 日，公安机关以于某涉嫌虐待罪向检察机关移送审查起诉。

公诉机关认为，被告人于某虐待未成年家庭成员，情节恶劣，其行为触犯了《刑法》第二百六十条第一款，犯罪事实清楚，证据确实充分，应当以虐待罪追究其刑事责任。被告人于某案发后主动投案，如实供述自己的犯罪行为，系自首，可以从轻或者减轻处罚。综合法定、酌定情节，建议在有期徒刑六个月至八个月之间量刑。考虑到被告人可能被宣告缓刑，公诉人向法庭提出应适用禁止令，禁止被告人于某再次对被害人实施家庭暴力。经过区法院审理，最终采纳了公诉人的公诉意见，认定被告人于某犯虐待罪，判处有期徒刑六个月，缓刑一年。禁止被告人于某再次对被害人实施家庭暴力。

针对小田的遭遇，我们可以采取哪些措施来防范此类行为的产生呢？

首先，及时向公安机关报案。遇到家庭暴力持续时间长、虐待行为严重的情形，如果具有告诉的能力，一定要及时地向公安机关报案，寻求公安机关的帮助。因年幼无法行使告诉权利的，属于刑法第二百六十条第三款规定的"被害人没有能力告诉"的情形的，应当按照公诉案件处理，由检察机关提起公诉，并可以依法提出适用禁止令的建议。

其次，向法院申请人身安全保护令。未成年人因遭受家庭暴力或者面临家庭暴力现实危险，可以向法院申请人身安全保护令保护自己。所谓人身安全保护令是一种民事强制措施，是法院为了家庭暴力受害人及其子女和特定亲属的人身安全、确保婚姻案件诉讼程序的正常进行而作出的民事裁定。未成年人在人身安全保护令下可以要求禁止实施家庭暴力，如违背该人身保护令，那么人民法院依法可对其实施拘留、罚款，严重者可追究其刑事责任。

最后，申请法院变更抚养人。抚养人对未成年人未尽抚养义务，实施虐待或者其他严重侵害未成年人合法权益的行为，不适宜继续担任抚养人的，检察机关可以支持未成年人或者其他监护人向人民法院提起变更抚养权诉讼。

法条链接

《中华人民共和国刑法》第二百六十条 【虐待罪】虐待家庭成员，情节恶劣的，处二年以下有期徒刑、拘役或者管制。

犯前款罪，致使被害人重伤、死亡的，处二年以上七年以下有期徒刑。

第一款罪，告诉的才处理，但被害人没有能力告诉，或者因受到强制、威吓无法告诉的除外。

《最高人民法院、最高人民检察院、公安部、民政部关于依法处理监护人侵害未成年人权益行为若干问题的意见》第十四条 监护侵害行为可能构成虐待罪的，公安机关应当告知未成年人及其近亲属有权告诉或者代为告诉，并通报所在地同级人民检察院。

未成年人及其近亲属没有告诉的，由人民检察院起诉。

《最高人民法院、最高人民检察院、公安部、司法部关于对判处管制、宣告缓刑的犯罪分子适用禁止令有关问题的规定（试行）》第七条 人民检察院在提起公诉时，对可能判处管制、宣告缓刑的被告人可以提出宣告禁止令的建议。当事人、辩护人、诉讼代理人可以就应对被告人宣告禁止令提出意见，并说明理由。

公安机关在移送审查起诉时，可以根据犯罪嫌疑人涉嫌犯罪的情况，就应宣告禁止令及宣告何种禁止令，向人民检察院提出意见。

《中华人民共和国反家庭暴力法》第二十三条　当事人因遭受家庭暴力或者面临家庭暴力的现实危险，向人民法院申请人身安全保护令的，人民法院应当受理。

当事人是无民事行为能力人、限制民事行为能力人，或者因受到强制、威吓等原因无法申请人身安全保护令的，其近亲属、公安机关、妇女联合会、居民委员会、村民委员会、救助管理机构可以代为申请。

第二十九条　人身安全保护令可以包括下列措施：

（一）禁止被申请人实施家庭暴力；

（二）禁止被申请人骚扰、跟踪、接触申请人及其相关近亲属；

（三）责令被申请人迁出申请人住所；

（四）保护申请人人身安全的其他措施。

《最高人民法院关于办理人身安全保护令案件适用法律若干问题的规定》第十条　反家庭暴力法第二十九条第四项规定的"保护申请人人身安全的其他措施"可以包括下列措施：

（一）禁止被申请人以电话、短信、即时通讯工具、电子邮件等方式侮辱、诽谤、威胁申请人及其相关近亲属；

（二）禁止被申请人在申请人及其相关近亲属的住所、学校、工作单位等经常出入场所的一定范围内从事可能影响申请人及其相关近亲属正常生活、学习、工作的活动。

3.1.6 怎么保障校园周边食品安全?

案例跟踪

2018 年秋季学期开学后,某地 7 所中小学周边存在流动食品经营者占道制售肠粉、炒粉、油炸土豆、奶茶等食品,供周边中小学生食用的问题。流动食品经营者在未依法办理食品经营相关手续的情况下,以车辆为餐饮作业工具,未配备食品经营卫生设施,未按规定公示健康证明,未穿戴清洁的工作衣帽,所售卖食品存在安全隐患,影响中小学生身体健康,同时占道经营行为严重影响交通安全和社会管理秩序。县人大代表和师生家长向当地县检察院反映有关问题。

案例聚焦

中小学生由于缺乏基本的卫生常识,对学校周边小摊小贩食品安全问题缺乏认知,很容易食用不干净的食品,从而引发身体健康问题,轻则腹泻、恶心、呕吐,严重者可能危及生命安全。因此,保障中小学校园周边食品安全,守护学生"舌尖上的安全",是相关单位和部门应当予以关注的问题。

案例解析

本案是一起典型的行政公益诉讼案件，对于行政公益诉讼，2017年6月27日第十二届全国人民代表大会常务委员会第二十八次会议通过了《关于修改〈中华人民共和国行政诉讼法〉的决定》，其第二十五条增加一款，作为第四款："人民检察院在履行职责中发现生态环境和资源保护、食品药品安全、国有财产保护、国有土地使用权出让等领域负有监督管理职责的行政机关违法行使职权或者不作为，致使国家利益或者社会公共利益受到侵害的，应当向行政机关提出检察建议，督促其依法履行职责。行政机关不依法履行职责的，人民检察院依法向人民法院提起诉讼。"

该县人民检察院经调查认为，流动食品经营者未经办理经营许可或备案登记等相关手续即以车辆为餐饮作业工具进行食品经营活动，存在食品卫生安全隐患，危害未成年人身体健康，对校园周边交通安全和社会秩序造成影响。该县市场监管局怠于履行食品安全监督管理职责，导致食品经营者在中小学校园周边占道经营、制售食品的行为形成多发乱象，侵犯了未成年人合法权益，遂决定作为行政公益诉讼案件予以立案。

　　该县人民检察院依法向该县市场监管局发出行政公益诉讼诉前检察建议，建议其依法履行职责，依法调查处理城区学校周边的流动食品经营者违法经营行为。县市场监管局书面回复称，已取缔了所有学校周边以车辆为餐饮作业工具的食品经营活动，对校园周边环境联合开展了专项执法检查。

　　后来该县人民检察院对诉前检察建议落实情况进行跟踪监督，发现县市场监管局在检察机关发出检察建议后，虽采取了取缔、劝离等措施，但食品经营者以流动作业方式在校园周边向未成年学生制售食品的问题仍时常反弹，未能得到有效遏制，社会公共利益持续处于受侵犯状态。

　　该县人民检察院根据当地高级人民法院关于行政案件集中管辖的规定，向该市另一县人民法院提起行政公益诉讼，请求确认被告县市场监管局对城区校园周边无证食品经营者的违法经营行为怠于履行监督管理职责违法，判决县市场监管局对城区校园周边无证食品经营者的违法经营行为依法履行职责。经过某省某市其他县人民法院的审理，支持了县人民检察院的全部诉讼请求。判决作出后，县市场监管局未提出上诉。

　　判决生效后，县人民检察院持续监督判决的执行，并促成县人民政府牵头制定《某城区校园周边食品安全综合治理实施方案》，组织县市场监管局、城市管理局、公安局、教育局、街道办事处开展城区校园周边食品安全综合治理专项行动，加强法治宣传，划定经营区域，引导流动食品经营者进行备案登记、规范经营。该县中小学校园周边流动食品经营者的经营和生活得到保障，校园周边环境秩序和交通安全得到有效改善和治理。

针对校园周边食品安全问题，检察机关在履职中可以通过多种渠道发现未成年人保护公益诉讼案件线索。消除校园周边食品安全隐患，规范校园周边秩序，是未成年人保护公益诉讼检察的重点。对于易发、多发、易反弹的未成年人保护顽疾问题，检察机关应当在诉前检察建议发出后持续跟进监督，对于行政机关未能依法全面、充分履职的，应依法提起诉讼，将公益保护落到实处。

法条链接

《中华人民共和国未成年人保护法》第一百零六条　同 3.1.1 法条链接。

《中华人民共和国食品安全法》第三十六条　食品生产加工小作坊和食品摊贩等从事食品生产经营活动，应当符合本法规定的与其生产经营规模、条件相适应的食品安全要求，保证所生产经营的食品卫生、无毒、无害，食品安全监督管理部门应当对其加强监督管理。

县级以上地方人民政府应当对食品生产加工小作坊、食品摊贩等进行综合治理，加强服务和统一规划，改善其生产经营环境，鼓励和支持其改进生产经营条件，进入集中交易市场、店铺等固定场所经营，或者在指定的临时经营区域、时段经营。

食品生产加工小作坊和食品摊贩等的具体管理办法由省、自治区、直辖市制定。

《中华人民共和国行政诉讼法》第二十五条第四款　同3.1.1法条链接。

3.2

校园生活中常见法律问题

3.2.1　利用假期时间打工，工资被拖欠怎么办?

　　星某等 7 名大学生在寒假前夕了解到某公司提供兼职工作的信息，通过该公司的法定代表人加入了某实习微信群，并在该微信群中协商确定了兼职工作事宜。双方约定：劳务报酬 120 元／天，加班费 15 元／小时，并报销星某等人前往工作地点的路费。之后，星某等人被安排到某区的一个花场工作。

　　工作一段时间后，因不满该公司要求加班至凌晨的行为，星某等人向该公司提出辞职。但该公司以忙碌为借口一直不给结算工资，还一直避开"结算工资"的话题。

　　后来在星某等人的争取下，该公司虽同意结算报酬，但以对工作质量不满意为由随意克扣该 7 人的报酬。原来约定的 120 元／天，加班另计 15 元／小时，现在变成了 100 元／天，加班 10 元／小时，并且还要求工作的前三天不计算工资。

　　由于追讨报酬未果，星某等 7 人在法定期限内起诉至法院，盼望能够追讨到报酬。在审理中，该公司主张公司是替案外人杨某招聘，星某等人也不是在该公司的经营场所工作，不承认与该7名大学生存在劳务关系，但承认了并未向星某等学生披露是自己代为杨某招聘的事实。

经审理，某区法院认为，该公司通过建立某微信实习群的方式招聘兼职人员，星某等人劳务关系建立、报酬协商、工作安排、请求结算工资等各个环节均是在该实习微信群或单独微信与该公司的法定代表人联系，该公司也承认没有向星某等人披露代为招聘的事实。综上所述，建立合同关系的双方自始至终都是星某等人与该公司，无证据证明杨某参与了合同关系的建立，故某区法院认定，星某等人与该公司存在劳务关系，判决该公司支付星某等人的劳务报酬。

案例聚焦

学生假期期间打工付出了劳动却得不到报酬，或者得不到相应报酬，应如何维护自己的合法权益呢？

案例解析

在校大学生利用宝贵的寒暑假时间勤工俭学，增长见识，是值得赞扬的。但在走入社会锻炼的同时，也要提高防范意识，懂得规避其中暗藏的法律风险，下面有几条建议可供参考：

第一，应聘企业时，可通过"全国企业信用信息公示系统"查询招聘单位的资质和信誉度；

第二，虽然在校生勤工助学不视为建立劳动关系，但可以要求与用人单位签订书面劳务协议，明确约定工资标准、支付方式、工作时间、工作岗位、工作地点等；

第三，若没有签订劳务协议，注意收集保留能够证明从事这份工作的文字、图片、视频等证据，若工作中受伤可要求公司承担医疗费、伙食费、护理费等赔偿责任，发生争议时能够保护自己的合法权益；

第四，在寻找兼职的时候一定要做到：不被所谓的"轻松活少赚钱多"所诱骗，要坚信"天上不会掉馅饼"！提高警惕性，不能言听计从，受人摆布利用。

已经提高了防范意识，还是被用人单位拖欠了工资，可尝试通过以下渠道去追回自己应得的工资，维护自己的合法权益：

第一，是协商。被拖欠工资时，其实最好的方法是先跟用人单位协商。若是协商成功，相对于其他方法来说更加省时省力省财。若是协商不能解决的，可以通过下列法律途径解决。

第二，向当地劳动监察机构投诉举报。首先，要找对劳动监察机构，劳动监察机构是人力资源和社会保障厅（局）下属的事业单位，在省一级称劳动监察总队，在地市一级称劳动监察支队，在区县一级称劳动监察大队。其次，本人亲自带着身份证及复印件一份，所签订的劳动／劳务合同一份（或其他能证明劳动／劳务关系的书面材料），填写投诉书即可。

第三，仲裁。可以向当地劳动争议仲裁委员会申请仲裁，但要特别注意的是申请仲裁的时效，要在劳动争议发生之日起 60 日内，向劳动争议仲裁委员会提出书面申请。

第四，诉讼。可以在被拖欠工资的第一时间就申请支付令。在劳动仲裁过后不服仲裁结果或者仲裁过后用人单位仍不支付工资，都可以向法院再次提起诉讼。

法条链接

《中华人民共和国劳动法》第三条第一款　劳动者享有平等就业和选择职业的权利、取得劳动报酬的权利、休息休假的权利、获得劳动安全卫生保护的权利、接受职业技能培训的权利、享受社会保险和福利的权利、提请劳动争议处理的权利以及法律规定的其他劳动权利。

第五十条　工资应当以货币形式按月支付给劳动者本人。不得克扣或者无故拖欠劳动者的工资。

第七十九条　劳动争议发生后，当事人可以向本单位劳动争议调解委员会申请调解；调解不成，当事人一方要求仲裁的，可以向劳动争议仲裁委员会申请仲裁。当事人一方也可以直接向劳动争议仲裁委员会申请仲裁。对仲裁裁决不服的，可以向人民法院提起诉讼。

《中华人民共和国劳动合同法》第三十条　用人单位应当按照劳动合同约定和国家规定，向劳动者及时足额支付劳动报酬。

用人单位拖欠或者未足额支付劳动报酬的，劳动者可以依法向当地人民法院申请支付令，人民法院应当依法发出支付令。

第八十五条　用人单位有下列情形之一的，由劳动行政部门责令限期支付劳动报酬、加班费或者经济补偿；劳动报酬低于当地最低工资标准的，应当支付其差额部分；逾期不支付的，责令用人单位按应付金额百分之五十以上百分之一百以下的标准向劳动者加付赔偿金：

（一）未按照劳动合同的约定或者国家规定及时足额支付劳动者劳动报酬的；

（二）低于当地最低工资标准支付劳动者工资的；

（三）安排加班不支付加班费的；

（四）解除或者终止劳动合同，未依照本法规定向劳动者支付经济补偿的。

《中华人民共和国民法典》第一千一百九十一条 用人单位的工作人员因执行工作任务造成他人损害的，由用人单位承担侵权责任。用人单位承担侵权责任后，可以向有故意或者重大过失的工作人员追偿。

劳务派遣期间，被派遣的工作人员因执行工作任务造成他人损害的，由接受劳务派遣的用工单位承担侵权责任；劳务派遣单位有过错的，承担相应的责任。

《中华人民共和国民法典》第一千一百九十二条 个人之间形成劳务关系，提供劳务一方因劳务造成他人损害的，由接受劳务一方承担侵权责任。接受劳务一方承担侵权责任后，可以向有故意或者重大过失的提供劳务一方追偿。提供劳务一方因劳务受到损害的，根据双方各自的过错承担相应的责任。

提供劳务期间，因第三人的行为造成提供劳务一方损害的，提供劳务一方有权请求第三人承担侵权责任，也有权请求接受劳务一方给予补偿。接受劳务一方补偿后，可以向第三人追偿。

《中华人民共和国刑法》第二百七十六条之一 以转移财产、逃匿等方法逃避支付劳动者的劳动报酬或者有能力支付而不支付劳动者的劳动报酬，数额较大，经政府有关部门责令支付仍不支付的，处三年以下有期徒刑或者拘役，并处或者单处罚金；造成严重后果的，处三年以上七年以下有期徒刑，并处罚金。

单位犯前款罪的，对单位判处罚金，并对其直接负责的主管人员和其他直接责任人员，依照前款的规定处罚。

有前两款行为，尚未造成严重后果，在提起公诉前支付劳动者的劳动报酬，并依法承担相应赔偿责任的，可以减轻或者免除处罚。

3.2.2　网恋女友会是"抠脚大叔"吗?

张某，男，1998 年 5 月 14 日出生，初中文化，因涉嫌犯诈骗罪，于 2022 年 9 月 7 日被取保候审，2023 年 1 月 31 日，该区人民检察院决定对其继续取保候审。

该区检察院以张某涉嫌诈骗罪，于 2023 年 5 月 25 日向该区人民院提起公诉。该区人民检察院指控：2022 年 5 月中旬至 8 月初，被告人张某利用手机交友软件冒充女性与多名男性聊天，取得对方信任后，再邀请对方添加其伪装成"漂亮女性"的微信号，骗取钱财。被告人张某假装以谈恋爱为名，与被害人黄某确立男女朋友关系后，虚构其需要购买化妆品、衣服，充值话费、给家人看病等事由，骗取被害人黄某钱款，被害人黄某通过微信红包、微信转账等方式向被告人张某转账 29 笔，共计人民币 5606.1 元，张某将骗取的赃款用于日常花销。

该区人民法院依法适用速裁程序，实行独任审判，公开开庭审理了本案。公诉机关认为被告人张某以非法占有为目的，利用手机微信冒充女性，骗取被害人黄某 5606.1 元，数额较大，应当以诈骗罪追究刑事责任，建议判处有期徒刑六个月，缓刑一年，并处罚金 2000 元。被告人张某对指控的事实、罪名及量刑建议均无异议，且签字具结，在开庭审理过程中亦无异议，并自愿认罪认罚。

案例聚焦

随着经济的不断发展以及网络和智能手机的不断普及，越来越多的年轻人喜欢在网络平台上交友聊天。但是网络交友鱼龙混杂，你所认为的漂亮"小姐姐"很可能就是一位"抠脚大汉"，虚幻的网络不一定能找到自己的真爱，诱惑和陷阱总是相伴而生，稍有不慎就有可能人财两空。

案例解析

诈骗罪是近些年来我国常见的刑事案件之一，也是国家严厉打击的犯罪之一。所谓诈骗罪主要是指以非法占有为目的，用虚构事实或者隐瞒真相的方法，骗取公私财物的行为。本案中，张某利用网络虚拟性这一特点，在对方不能够识别或者不能够知道自己真实身份的前提下，通过各种交友软件，冒充女性与众多年轻男子以谈恋爱为名实施诈骗活动。张某虚构"漂亮女性"身份，以恋爱之名骗取被害人的信任，同时为了骗取更多财物，在与被害人建立男女朋友关系后，以各种理由让被害人向其转款，案涉金额较大。

对于诈骗罪的数额，按照《最高人民法院、最高人民检察院关于办理诈骗刑事案件具体应用法律若干问题的解释》第一条中的规定，诈骗公私财物价值三千元至一万元以上、三万元至十万元以上、五十万元以上的，应当分别认定为《刑法》第二百六十六条规定的"数额较大""数额巨大""数额特别巨大"。

有关诈骗罪的量刑标准：诈骗公私财物，"数额较大"的，处三年以下有期徒刑、拘役或者管制，并处或者单处罚金；"数额巨大"的，处三年以上十年以下有期徒刑，并处罚金；"数额特别巨大"的，处十年以上有期徒刑或者无期徒刑，并处罚金或者没收财产。区人民法院认为公诉机关指控被告人张某犯诈骗罪，事实清楚，证据确实、充分，指控所犯罪名成立。鉴于张某有坦白情节，并且自愿认罪认罚，能够积极退赃，遂做出了被告人张某犯诈骗罪，判处有期徒刑六个月，缓刑一年，并处罚金人民币二千元，没收供犯罪所用的工具白色OPPO手机一部的判决。

网络交友需谨慎，虚幻恋爱存风险。在此提醒广大适龄单身青年，不要总幻想在虚拟的世界中找真爱，网络本身就是一个虚幻的世界，鱼龙混杂，很多不法分子打着网络交友的旗号，轻者骗钱骗色，重者谋财害命。在网络交友过程中，要时刻保持头脑"清醒"，要相信真正的爱情能够经得起"眼睛"的考验，切莫被网上"爱情"冲昏了头脑，用今日的"真心"换取明天的"伤心"。

 法条链接

《中华人民共和国刑法》第七十三条 【缓刑的考验期限】第二款 有期徒刑的缓刑考验期限为原判刑期以上五年以下，但是不能少于一年。

第三款 缓刑考验期限，从判决确定之日起计算。

第二百六十六条 【诈骗罪】同 1.4.3 法条链接。

《最高人民法院、最高人民检察院关于办理诈骗刑事案件具体应用法律若干问题的解释》第一条第一款 诈骗公私财物价值三千元至一万元以上、三万元至十万元以上、五十万元以上的，应当分别认定为刑法第二百六十六条规定的"数额较大""数额巨大""数额特别巨大"。